As outras constelações

ORGANIZAÇÃO,
TRADUÇÃO E NOTAS
Fabiano Lemos

uma antologia
de filósofas
do romantismo
alemão

Relicário

Dados Internacionais de Catalogação na Publicação (CIP) de acordo com ISBD

O94

As outras constelações: uma antologia de filósofas do romantismo alemão / Sophie Mereau... [et al.] ; organizado por Fabiano Lemos ; traduzido por Fabiano Lemos. - Belo Horizonte : Relicário, 2022.

212 p. ; 14,5cm x 21cm.

Inclui bibliografia.
ISBN: 978-65-89889-29-8

1. Filosofia. 2. Crítica feminista. 3. Romantismo Alemão. I. Mereau, Sophie. II. Schlegel-Schelling, Caroline. III. Bernhardi, Sophie. IV. Günderrode, Karoline von. V. Schlegel, Dorothea von. VI. Varnhagen, Rahel. VII. Pichler, Caroline. VIII. Fouqué, Caroline de la Motte. IX. Arnim, Bettina von. X. Herz, Henriette. XI. Lemos, Fabiano. XII. Título.

2022-323

CDU 1
CDD 100

Índice para catálogo sistemático:
1. Filosofia 100
2. Filosofia 1

A tradução deste trabalho foi financiada com o apoio do Goethe-Institut.

COORDENAÇÃO EDITORIAL Maíra Nassif Passos
EDITOR-ASSISTENTE Thiago Landi
PROJETO GRÁFICO E DIAGRAMAÇÃO Ana C. Bahia
CAPA Tamires Mazzo
REVISÃO Maria Fernanda Moreira
REVISÃO DE PROVAS Thiago Landi

RELICÁRIO EDIÇÕES
Rua Machado, 155, casa 1, Colégio Batista | Belo Horizonte, MG, 31110-080
contato@relicarioedicoes.com | www.relicarioedicoes.com
@relicarioedicoes /relicario.edicoes

Lista de abreviaturas

As referências completas das obras a seguir encontram-se listadas ao final do volume.

Ak | KANT, Immanuel. *Kant's Gesammelte Schriften*, 1968.

Athen | *Athenäum. Eine Zeitschrift von August Wilhelm Schlegel und Friedrich Schlegel*, 1960.

Briefwechsel | SCHLEGEL, Dorothea von. *Dorothea v. Schlegel geboren Mendelssohn und deren Söhne Johannes und Philipp Veit. Briefwechsel im Auftrag der Familie Veit*, 1881.

CPSW | PICHLER, Caroline. *Sämmtliche Werke*, 1828-1845.

Flor | SCHLEGEL, Dorothea von. *Florentin*, 1987.

Frauenbriefe | BEHRENS, Katja (ed.). *Frauenbriefe der Romantik*, 1982.

GSW | GÜNDERRODE, Karoline von. *Sämtliche Werke und ausgewählte Studien, Historisch-Kritische Ausgabe*, 2006.

HA | GOETHE, Johann Wolfgang von. *Werke, Hamburger Ausgabe*, 1948-1966.

Herz | FÜRST, Julius (ed.). *Henriette Herz: Ihr Leben und ihre Erinnerungen*, 1850.

JPSW | JEAN PAUL [RICHTER, Johann Paul Friedrich]. *Sämtliche Werke*, 1996.

KFSA | SCHLEGEL, Friedrich. *Kritische Ausgabe seiner Werke*, 1958-2018.

LBSS | BÖRNE, Ludwig. *Sämtliche Schriften*, 1964.

Rahel | VARNHAGEN, Rahel. *Rahel. Ein Buch des Andenkens für ihre Freunde*, 1834.

SW | SCHILLER, Friedrich. *Sämtliche Werke*, 1962.

W | NOVALIS. *Schriften. Die Werke Friedrich von Hardenbergs*, 1965.

WuB | ARNIM, Bettina von. *Werke und Briefe*, 1959.

WuS | LA MOTTE FOUQUÉ, Caroline de. *Werke und Schriften*, 2006-ff.

Notas prévias da tradução

(1) Os títulos dos textos entre colchetes sinalizam uma designação atribuída não pela autora, mas posteriormente, devido à sua ausência no original ou simplesmente porque o gênero textual não o reclama. Ao contrário, quando estão sem os colchetes, eles remetem ao título original. (2) No corpo dos textos, qualquer inscrição entre colchetes, seja em português ou alemão, diz respeito a intervenções do tradutor. Se em alemão, refere-se a alguma tradução sobre a qual sentiu-se necessidade de informar o seu par correlato; se em português, refere-se a algum acréscimo linguístico necessário para a garantia do sentido da passagem. (3) Outras particularidades foram tratadas nas notas de rodapé espalhadas ao longo dos textos.

Sophie Mereau

(1770-1806)

[Sophie Mereau] Pioneira na integração das mulheres ao universo dos escritores na Alemanha, Sophie Friederike Schubart foi, em sua época, celebrada como poeta dos sentimentos femininos, graças à caracterização das personagens em seus romances, heroínas, em geral, em confronto com as normas sociais vigentes. Filha de Gotthelf Heinrich Schubart e Johanna Sophie Friederike, nasceu em 27 de março de 1770 em Altenburg e recebeu uma educação literária e musical para a qual mostrou-se logo especialmente capacitada. Tendo estabelecido contato em 1791 com o poeta Friedrich Schiller e com Goethe, chegou a publicar alguns poemas na revista *Thalia*, dirigida por este último. Apesar de nutrir o desejo de dedicar-se a tais estudos, foi levada a se casar, em 1793, por razões econômicas e sociais, com o professor de direito Friedrich Ernst Carl Mereau, passando a assinar com seu sobrenome. Sua residência se tornou um lugar de encontro de muitos autores da geração romântica, contando frequentemente com a presença de Friedrich e Dorothea Schlegel, Ludwig Tieck e outros, bem como de representantes do *Sturm und Drang*, como Herder. Em 1794, publica seu romance *Das Blüthenalter der Empfindung* [*Floradas do sentimento*], que foi recebido favoravelmente por parte da crítica, ainda que muitos o considerassem excessivamente sentimental. Após a morte de seu filho de seis anos, divorcia-se, em 1801, em uma decisão inédita em sua família, mas se casa dois anos depois, com o poeta romântico Clemens Brentano, com o qual manteve um breve e infeliz relacionamento. Durante esse período, Sophie Mereau publicou vários poemas, ensaios e romances, e sua fama como escritora foi inaugural em muitos sentidos, inclusive na construção de uma imagem mais independente das heroínas romanescas. Morreu em Heidelberg em 1806, em decorrência de problemas no parto de seu sexto filho.

1.

[Carta a Immanuel Kant][1]

(dezembro de 1795)

Se também, segundo a sentença de meu próprio sentimento, tenho que esclarecer a ousadia do passo que estou pronta para dar, então não acho nada aí pelo qual o verdadeiro decoro pudesse ser ofendido. Sei, além do mais, que podemos audaciosamente romper, entre os seres humanos de tipo mais elevado, as correntes da conveniência, que se modificam em cada país, e que, muitas vezes, põem salutares restrições entre os seres humanos comuns, e que os seres mais cultivados consideram a questão mesma lá onde esses permanecem eternamente ligados à forma vazia. Segundo essa premissa, creio, sem reflexão e sem mais consideração para com o distanciamento, com o gênero [Geschlecht] e a disparidade do espírito, poder colocar-me eu mesma, uma suplicante, no mais humilde contato convosco, homem mais adorável.

Com a ajuda de alguns amigos começarei no novo ano um jornal, e vários escritores locais querem me fazer colaborações. Com um tal empreendimento sonha, mais ou menos orgulhoso, todo aquele que não escreve apenas para o lucro. Sonhei, muito orgulhosa, pois não achei impossível capturar-vos para mim. Far-me-ia feliz algo tirado de vossos papéis, a que vós chamaríeis, talvez, de miudeza, algumas observações lançadas, a que vosso espírito empreste luz, e vosso nome, brilho. Se vós pudésseis, auxiliaríeis meu empreendimento – não ouso pedir mais urgentemente, pois temo ultrapassar a linha que aqui divide o incomum do imodesto.

1. In: *Ak* XII, p. 689. Não há resposta conhecida de Kant a essa solicitação de Sophie Mereau.

Caso cuideis que valha o esforço de conhecer de mais perto a mulher que teve coragem suficiente para precisamente dirigir-se a vós, lede o livro que aqui envio junto. Esse é o único motivo que poderia me levar a apresentar ao grande Kant um produto do espírito cujo defeito eu mesma sinto o mais vividamente.

Pudesse eu estar autorizada a ver uma rápida resposta a ele! – Dirigi-me a vós com toda fidelidade – sois certamente bom, mas sois também tão grande e tão famoso. Que altiva humanidade respira vossa paz eterna! Que esperanças sabeis cintilar nos corações de todos os seres humanos benevolentes! Depende de vós se devo ainda acrescentar ao mais sério sentimento de reverência a vós, que nutro com orgulho em minha alma, o [sentimento] mais doce da gratidão.

Meu nome é: professora[2] Mereau, em Jena.

2. No original, *Professorin*. As esposas dos professores (como é o caso de Sophie Mereau) eram denominadas *Professorin*, título recebido não, obviamente, pelo exercício da profissão, impensável na época para as mulheres, mas por extensão.

Caroline Schlegel-Schelling

[sob o nome de August Wilhelm Schlegel

(1763-1809)

[Caroline Schlegel-Schelling] Uma das personagens mais controversas do círculo romântico, Caroline Albertine Dorothea Michaelis nasceu em 2 de setembro de 1763 em Göttingen. Era filha do famoso orientalista e professor de teologia Johann David Michaelis e de Louise Philippine Antoinette Michaelis, uma mulher rígida e reservada, segundo registros contemporâneos. Seu interesse pelas letras parece ter surgido muito cedo e repercutia o convívio de sua família com o círculo de intelectuais de Göttingen. Casou-se em 1784 com o médico Johann Franz Wilhelm Böhmer, com quem teve três filhos. Quatro anos depois, tornou-se viúva e, em seguida, perdeu dois de seus filhos. Mudou-se para Mainz em 1792, onde se associou, sob influência de sua amiga Therèse Huber e do marido, Georg Foster, às lutas republicanas que assolaram aquela cidade, motivo pelo qual, ainda que se discuta a extensão de seu comprometimento, foi condenada à prisão em 1793, tendo de fugir da cidade. Somente após a negociação de sua liberdade, feita por seu irmão, obteve refúgio em Braunschweig, onde reencontrou um velho conhecido, August Schlegel, da época em que este ainda era estudante em Göttingen. Casou-se com ele em 1796 e acompanhou-o a Jena, onde se estabeleceram, conjugando, ao seu redor, o grupo que viria a ser conhecido como os românticos de Jena. Caroline participou ativamente do debate intelectual e publicou algumas resenhas na revista *Athenäum*, principal órgão de divulgação das ideias do grupo, além de ter traduzido alguns autores para o alemão, especialmente Shakespeare, embora este último trabalho tenha sido publicado apenas sob o nome de seu marido. O mesmo ocorreu com suas inúmeras contribuições ao jornal *Allgemeine Literatur-Zeitung*. Em 1798, no entanto, conhece Schelling, com quem mantém um romance, dando lugar a uma ruptura no grupo. Friedrich Schlegel e sua esposa, Dorothea, consideraram o romance uma afronta a August, de quem, em 1803, enfim, Caroline se divorcia. Casada com Schelling, acabou por falecer em 1809, após uma desastrosa tentativa deste último de administrar um tratamento para uma grave crise de disenteria, que se mostraria fatal. A fama de Caroline Schlegel-Schelling, estabelecida de maneira certamente misógina, perpetuou-a como causadora do fim do grupo romântico de Jena, o que se pode verificar no apelido que Friedrich Schiller lhe havia dado, *Madame Lúcifer*.

1.

[Duas resenhas publicadas na *Athenäum*][1]

(1799)

[1.][2] No *Musaget*[3] (1798, 4º volume), encontram-se perdidos dois pequenos ensaios: "Kritisches Gespräch" [Conversa crítica] e "Über Weiblichkeit in der Kunst, in der Natur und in der Gesellschaft" [Sobre a feminilidade na arte, na natureza e na sociedade], ambos assinados como H—r, sabe-se lá graças a que acaso, mas certamente perdidos, pois não pertencem ao séquito desse claudicante condutor de musas, como ele, além disso, procurou esclarecer por conta própria através

1. Resenhas publicadas em *Athen*, vol. II, parte I, p. 311-313. A primeira resenha aqui traduzida se refere a dois artigos de Therese Huber, "Kritisches Gespräch" e "Über Weiblichkeit in der Kunst, in der Natur und in der Gesellschaft", publicados posteriormente em livro, em 1801-1802, sob o nome de seu marido, Ludwig Huber. O ensaio acaba por defender uma postura eminentemente conservadora, embora tente assinalar as desigualdades sociais enfrentadas pelas mulheres de então, uma vez que postula que a inserção política das mulheres na sociedade destruiria a vocação da mulher para o cuidado com o lar. A segunda é uma breve consideração acerca da biografia de Mary Wollstonecraft escrita por William Godwin e publicada em 1796, *Memoirs of the Author of A Vindication of the Rights of Women*. Como é característico do procedimento redacional de outros textos da revista, a escrita de Caroline se confunde com a de outros autores. Aqui – e em função também do papel frequentemente subalterno imposto às escritoras de então – sua contribuição aparece no meio de uma série de pequenas resenhas reunidas sob o título "Notizen" [Notas] e sob a assinatura W. (como assinava August Wilhelm Schlegel). De fato, nesse amálgama encontramos as contribuições de Caroline Schlegel-Schelling, Dorothea Veit, Friedrich Schlegel, Karl Brinkman e de August Schlegel. A autoria de cada parte foi hipoteticamente atribuída por Curt Grützmacher (cf. *Athenäum. Eine Zeitschrift von August Wilhelm Schlegel und Friedrich Schlegel*, ausgewählt und bearbaitet von Curt Grützmacher. Berlin: Rohwolt, 1960, p. 257), embora não tenha sido retomada desde então senão como uma indecidível possibilidade. A edição de Grützmacher, contudo, não inclui o texto aqui traduzido.

2. A numeração entre chaves não consta no original, tendo sido acrescentada pelo tradutor.

3. *Der Musaget*, jornal editado por August Adolph von Hennings entre 1798 e 1799. O nome repete o título de um poema de Goethe e significa *condutor da musa*.

de notas. A *Conversa* contém juízos acerca das duas escritoras inglesas, Mrs. Inchbald[4] e Mrs. D'Arblay,[5] habilmente transformados em uma conversa entre duas amigas, que é a ocasião para o anúncio do romance *Nature and art*, escrito pela primeira, no A. L. Z.[6] A popularidade, a fertilidade e o estilo [Manier] da autora de *Evelina*, *Cecilia*, *Camilla* etc. são compostos com a interessante – indigência da senhora Inchbald. Sobre a primeira, dificilmente se falou algo tão radical. – O outro ensaio está relacionado a isso em conteúdo e espírito: ele é extraordinariamente vívido e agradavelmente escrito, cheio de pistas bem pensadas, que são mais ricas e mais adequadas do que artigos metodicamente formatados sobre a feminilidade. Deve-se, então, falar mesmo dela; deve-se tê-la em conta. Algumas advertências, alguns exemplos notáveis, lhe são muito mais adequados que um sistema abrangente, que ela de fato destrói, ao invés de sintetizar. O autor[7] se alegra com o fato de que o primeiro poeta da Alemanha[8] seja também o poeta da feminilidade: as mulheres também acharão isso tão belo quanto justo.

[2.] No ensaio mencionado acima é feita a observação de que as nações não são tão diferentes umas das outras quanto pode ser o caráter dos dois gêneros [Geschlechter] na mesma nação, como, por exemplo, o das inglesas em relação ao dos ingleses, e temos de colocar as inglesas ao lado das inglesas. Isso é mostrado pela vida da conhecida *Mary Wollstonecraft*,[9] descrita por seu amigo, e, posteriormente, esposo,

4. Elizabeth Inchbald (1753-1821), escritora inglesa, autora de peças e críticas teatrais.

5. Madame d'Arblay (ou Frances Burney, 1752-1840), escritora satírica inglesa, autora de várias peças e romances cujos personagens centrais são, em geral, mulheres. Entre eles, encontram-se *Evelina* (1778), *Cecilia* (1882) e *Camilla* (1796), mencionados adiante.

6. Abreviação para *Allgemeine Literaturzeitung*. No ensaio referido, o romance é anunciado em outro jornal, o *Jenaische Literaturzeitung*, confundido por Caroline Schlegel-Schelling.

7. O autor desta resenha, ou seja, August Schlegel, performatizado por Caroline Schlegel-Schelling, se apostarmos na tese de sua autoria.

8. Assim Goethe era denominado por muitos da geração romântica.

9. Mary Wollstonecraft (1759-1797), filósofa e escritora inglesa, conhecida por sua obra *A Vindication for the Rights of Women* [*Uma defesa dos direitos da mulher*] (1792).

William Goodwin.[10] De onde veio, entretanto, seu caráter, sua ausência de preconceitos? Por causa disso ela é valorosa, muito mais do que por seus escritos, que de nenhum modo vão além da formação inglesa e que, em parte, têm uma roupagem um tanto rígida. Quanta persistência, ardor e nobre luta com o infortúnio! Ela não podia desviar a liberdade de seu espírito da glória doméstica de seu gênero [Geschlechtes]; ela seria abandonada pelo marido, em quem confiara, o que partiu seu coração. Seu biógrafo retrata sua aparência exterior como delicada e graciosa, e se a gravura que antecede a tradução alemã se lhe igualar, então devemos acreditar nele. É claro que a coisa muda assombrosamente se a defensora dos direitos das mulheres era uma desprezível machona [ein widerwärtiges Mannweib], para quem a natureza sacrificou o mais belo de seus direitos, ou se era um delicado ser vivo que ousou argumentar a favor das demandas da razão. O que significa o fundamento e o solo da costumeira feminilidade foi, nessa mulher independente, o último retoque e ornamento. Mesmo a veemência, que seu amigo não quer negar, tornar-se-ia branda se ela tivesse sido mais feliz, teria vindo mais cedo e teria permanecido mais tempo. Ela se tornou mais calma e mais altiva nos braços do amor. Mas também na condição da mais violenta tensão, em uma viagem à Noruega que ela fez para se ocupar dos negócios do amado que já abandonara, ela aparece tão amável quanto maravilhosa: sozinha em meio aos cenários de uma natureza selvagem, com sua decidida coragem e o olhar firme do coração mais grandiosamente maravilhoso e tão ferido. É uma pena que sua expressão de sentimentos profundos tenha tido de seguir através do meio da ordenada superficialidade nos conceitos dos filósofos populares ingleses; é de se lamentar que o ânimo seja mais facilmente destruído pela limitação nacional do que o espírito.

10. William Godwin (1756-1836), ensaísta e filósofo inglês, autor de *Memoirs of the Author of A Vindication of the Rights of Women* (1796), pequena biografia de sua esposa.

Sophie Bernhardi

(1775-1833)

[Sophie Bernhardi] Nascida em Berlim em 28 de fevereiro de 1775, Sophie Tieck cresceu em uma família com outros dois irmãos, tendo recebido uma educação voltada para o casamento e a vida doméstica que, desde muito cedo, não lhe parecia compatível com suas expectativas existenciais. Apesar de se sentir inferiorizada em relação aos homens e pressentindo desde jovem um grande sentimento de injustiça em relação às mulheres, sempre deixou claro a seus amigos que tinha a pretensão de se tornar uma escritora. O casamento com o professor ginasial August Ferdinand Bernhardi, em 1799, com quem teve uma convivência fria e severa, apenas reforçou sua compreensão de que a vida familiar não lhe estava destinada. Nesse período, publicou o artigo "Lebensansicht" [Perspectiva de vida] na revista dos irmãos Schlegel, a *Athenäum*, mas nunca foi considerada uma escritora consistente. Estudos recentes, no entanto, mostram que uma parte dos escritos de seu irmão Ludwig Tieck, incluindo seu afamado livro *Der blonde Eckbert* [*O loiro Eckbert*], de 1797, parece ter sido elaborada por ela, embora seu nome não tenha sido creditado. Até 1807, Sophie viajou pela Europa, fugindo, com seus dois filhos, da vida com seu marido, de quem, nessa data, enfim, se divorcia – em um processo que se constituiu como um escândalo, envolvendo, inclusive, o uso da força policial para a retomada da guarda das crianças por parte do pai. Casou-se novamente em 1810 com o barão Karl Gregor von Knorring e abandonou completamente seus projetos de publicação, até seu falecimento em uma propriedade rural na remota cidade de Ervita, na Estônia, em 1833. Após sua morte, os textos de seu espólio foram coletados e publicados por seu filho Wilhelm Bernhardi, e constituem, desde as críticas feministas do cânone na década de 1960, um importante subsídio para a leitura das expectativas de letramento e participação das mulheres no universo intelectual alemão.

1.

Perspectiva de vida[1]

(1800)

É reconfortante me imaginar como se escrevesse a um caro amigo que me compreendesse inteiramente, em cujo coração depositaria essas páginas, ainda que eu escreva apenas para mim mesma, pois me faz bem expressar alguns sentimentos e pensamentos de minha alma! Não é estranho que o ser humano possua uma economia tão própria e um orgulho tão ridículo a ponto de lhe ser impossível pensar que ele poderia fazer algo sem finalidade e propósito [ohne Zweck und Absicht]? O ser humano nobre não pode fazer nada para si, tudo para ele vem a ser algo apenas em relação a outros, e, mesmo em cada pequeno ensaio, permanecem no fundo da alma os pensamentos de um possível leitor, como se, também, devêssemos levá-lo longe como o além-túmulo. É uma adorável vaidade infantil acreditar ainda em instruir e utilizar essa mesma mão que escreve essas palavras quando ela já tiver se decomposto em pó.

O ser humano vive em um eterno medo de sua sorte. [O medo] o atinge já quando criança, e ele arranca de si o poder do amor; quer tentar alcançar por si só, e através da própria força, aquilo que, no mundo, concede-lhe um destino amigável.

Somente um ser mais elevado ou pior que o ser humano pode estar feliz consigo mesmo, e, assim, faz-se injustiça aos pobres seres humanos quando se lhes repreende como egoístas. Pois não devem

1. "Lebensansicht". In: *Athen*, vol. III, parte II, p. 205-215. A autora é assinalada no índice da revista como Sophie B. Quanto ao uso do termo "perspectiva" no título: embora em outras ocasiões, nos demais textos desta coletânea, tenha se optado por traduzir *Ansicht* por *visão* ou *mirada*, aqui opto por um termo que acentue o aspecto mais voluntário do olhar sobre a vida – algo que, como me parece confirmar o texto, estaria próximo de uma *Weltanschauung*, de uma *visão de mundo*.

compartilhar seu empenho único, e há outra infelicidade além daquela de um objeto [Gegenstand] que falta?

Ó amor, que com o cálido brilho do sol circunda a pobre vida, ó, por que teu nome foi um dia pronunciado, por que vives nas canções e não habitas, como poesia universal, o seio de cada ser humano? Por que o ser humano sai com violência e por conta própria do tempo que o envolve? Dois deles se esbarram, então lembram-se daquilo que às vezes se diz do amor, e pensam que isso poderia se aplicar a eles; o jovem contrai, então, uma ânsia em seu seio, e a compartilha com a moça [Mädchen]; a conclusão é "tu me amas"?[2] Sim, ela diz, e ele se sente intoxicado, e a partir de então, por um tempo de sua vida, eles animadamente se entusiasmam com felicidade, o frenesi se dissipa, eles se assombram com sua tolice, humilhados no coração, quando não expressam mais amor e todas as sensações, e sentem mesmo em si o vazio, que requer algo semelhante; procuram por todo o mundo, não esperam, então, até que o tempo preencha neles a lacuna; antes, convencem-se de que o dinheiro ou a honra ou qualquer outra coisa seja o bem de que gostariam.

Se o ser humano não quisesse apressar o tempo, se ele não tivesse tido conhecimento da palavra amor, então cada um poderia tocar o sentimento, e nenhuma posição particular de nenhum poeta particular seria aplicável ao seu sentimento; pois para cada um emergiria um amor único, e talvez todos se comportariam como um poeta único. O exemplo dos poetas até agora me dá razão. Não é cada amor tão diferente que também uma estrofe do amor de um não poderia ser levada para dentro da do outro? Não se trata de falar dos poetas que cantam o amor, vinho e banquete;[3] para eles, nada tem o tipo de gosto verdadeiro, quer dizer, daquele que lhes parece natural, e por isso falam tão mal de tudo.

2. Sem aspas no original.

3. No original: *Liebe, Wein und Braten besingen*, literalmente, "cantam o amor, vinho e assado [de carne]".

Assim como nenhuma flor pode ser pensada sem cor, nenhum ser humano pode ser pensado sem poesia, poesia que faz falta apenas àqueles que propagam [as cores] através dela; ou, antes, ela de fato não lhes faz falta, mas é como se se lavassem as cores das flores somente com água régia.[4] Aí estão agora muitas flores inodoras e em cores pálidas, e é grande o número entre os homens, gostaria de mencionar, que não poderiam compartilhar sua íntima poesia; não é concedido a todos se deleitar com o efêmero através de uma doce fragrância.

Um verdadeiro poeta deve me fazer compreender inteiramente todo ser que chame atenção; devo conhecer cada pequena peculiaridade da alma, e, enquanto verdadeiro ser humano, não desejarei ser um ser individual, mesmo o mais nobre; também não me deve seduzir, enquanto ser humano, ser o imitador[5] de uma pessoa bem-sucedida; o ser humano imitador é menos que um ser humano, e não há nenhum exemplo disso que sirva para o aprimoramento.

Contudo, uma obra de arte pode bem fazer com que eu me torne mais plena comigo mesma. Mas assim que me vem à mente um pensamento diante de uma obra de arte, ele é apenas meu desejo, e a influência que tem sobre mim é apenas aparente; acredito mesmo que, ao notar a influência benéfica, já não compreendi a obra de arte, já não a fruí sequer um instante.

O ser humano só se envergonha de seus sentimentos porque sente, na mais furiosa paixão, que os ultrapassa, e, porque, frequentemente, é como se um ser em nós nos clamasse: larga a escrita e o desespero! logo te ocuparás de novo com miudezas inúteis, que certamente te alegram!

O ser humano que está no mais baixo grau da formação [Bildung] (excetuo os seres humanos naturais,[6] eles estão ao mesmo tempo além

4. No original: *Scheidewasser*, composto químico do qual faz parte o ácido clorídrico e o ácido nítrico, utilizado no processo de purificação do ouro. Lavar com água régia, portanto, é um processo de enobrecimento dos metais preciosos.

5. É importante notar o uso no termo em sua flexão masculina, e não feminina.

6. A noção de *natürlichen Menschen*, *homens naturais*, emerge frequentemente entre os românticos, em especial a partir de suas leituras da antropologia filosófica de Herder e Rousseau.

e aquém dos cultivados: estão ainda mais próximos do lugar em que deveriam estar, e por isso estão além dos outros – contudo, nunca olharam ao redor de si mesmos e notaram que, além do espaço que ocupam, poderia haver ainda um outro caminho por onde se poderia aventurar o espírito humano, e, por isso, estão aquém dos outros); os seres humanos, portanto, que estão no mais baixo grau da formação são tocados, ocasionalmente, por algo através do que levantam a suposição de que poderiam ter, interiormente, belos sentimentos [Gefühle], e tudo que eles sentem, então, estabelecem como o mais elevado que o coração humano pode alcançar. – Esses falam sempre do coração; aqueles querem, além disso, solitariamente, construir – não oferecem muito ao espírito. Acima deles estão os que enxergaram que, com sentimentos [Empfindungen], quase não se tem nada. Eles são os que se envergonham de suas lágrimas porque têm sempre de secá-las de novo; não poderiam conceder de bom grado que não poderiam adorar um deus em si mesmos – e recolhem como esmolas algumas sentenças que tomam como razão e que cintilam e brilham até que chegue uma oportunidade em que seriam utilizáveis; nesse caso, deve-se conformar-se com a fraqueza humana.

O terceiro grau da formação parece-me ser aquele no qual um ser humano se entrega a todos os sentimentos humanos; no qual, em um dia, chora e se alegra; ele o experimenta quando todas as paixões movimentam sua alma em forte tormenta e também quando não ultrapassa, em momentos tranquilos, essa tranquilidade; não se reconhece em nenhum momento mais sábio senão quando esse [momento] é diferente do anterior, [ser humano] cujo coração se abre com os mais nobres sentimentos e que não amaldiçoa seu destino se, no mesmo instante, o atinge a necessidade de ganhar sua subsistência através de uma seca ocupação mecânica para, no outro dia, viver e gozar.

É inútil desejar que o amigo que amamos queira compreender-nos em nossa mais particular particularidade [eigensten Eigenthümlichkeit]; no fundo, nós também não desejamos isso, mas queremos sempre, antes, diante dele, demolir as paredes dos nossos corações, onde sentimos a afinidade para com ele. Procuramos meticulosamente encobrir aquilo que constitui nossa distinção em relação a todos os outros seres, e, com isso, para que [nosso coração] não se denuncie diante de um ser estranho, permanecemos separados e isolados também de nossos mais queridos amigos – e se fosse possível a algum ser humano apreender e expressar a mais íntima particularidade de seu mais querido amigo, então um calafrio tomaria conta dele como se estivesse diante de um mago que teria o poder de extrair o espírito de nossos corpos e de transplantá-lo a olho nu em nós, e nós nos separaríamos cada vez mais dele. – Cada um sente isso em si, por isso nos é completamente impossível expressar algumas opiniões sobre o ser humano; uma opinião desse tipo é uma suposição arbitrária da particularidade do outro. – A mais elevada beleza que o ser humano pode alcançar é que ele pode transformar todas as suas paixões em obra de arte, que ele permanece como um deus acima de tudo e as governa, para que testemunhem sempre diante da força da alma, mas nunca degenerem em distorções desfavoráveis; e a mais elevada virtude, digo mesmo a única que o ser humano pode possuir, é a verdade para consigo e com os outros. Mas é lamentável quando, aqui, os seres humanos são levados por um erro e pensam que elaboram suas paixões e sentimentos em uma obra de arte, quando simplesmente estão ansiosos para fazer de suas vidas um romance, no qual devem enfiar, muitas vezes, seus sentimentos e paixões apenas para, com sua obra, não se tornarem prosaicos e ordinários. E depois, quando eles, ao final, se cansam desse jogo, quando a força para inventar lhes esvai: então acreditam estar lidando de modo verdadeiro consigo mesmos ao destruírem mais uma vez essa obra mendigada. Habitualmente, um tal romance não pode existir sem amor; habitualmente, então, todas as relações são, inicialmente, pisadas e destruídas para oferecer esse amor como sacrifício voluntário, porque esse [sacrifício] já está, além disso, em todas as poesias, pois, quando o coração toca esse sentimento, ele abate o exército de todas as outras inclinações – e, assim, o objeto amado é sacrificado à verdade, e aquele que desempenhou todos esses papéis diante de si mesmo depois se acostuma e permanece no céu em autoadmiração. Pois nunca o ser humano acredita sentir tanto a afinidade com deus quanto quando ele se considera tão pequeno, a ponto de não ser digno da afinidade com os outros inocentes habitantes da terra.[7]

Quando ouço que alguém mudou de opinião, e que quer justificar essa mudança ao dizer: "antes, exagerei em todos os meus sentimentos, agora alcancei uma maior honestidade para comigo mesmo",[8] fico inclinada a tomar sua primeira opinião no mínimo como preferível à que ele tem agora e da qual tão altivamente enche seu peito. Pois acredito ainda mais na verdade do primeiro sentimento do que na da consideração tardia. Acima de tudo, o ser humano deveria enxergar que nunca se decepciona mais calorosamente do que quando se envolve em suas antigas mentiras.

Quantos males faz o ser humano que ensina moral, a mais elevada moral. Não é triste e desprezível dizer ao mundo inteiro: "é algo grandioso e nobre doar uma quantia de dinheiro, ou não se envergonhar dos pais, ou, quando esses estiverem velhos e fracos, cuidar deles, ou não roubar, mesmo que se dê uma ocasião propícia e, além disso, garantida"?[9] – e, contudo, isso é quase tudo que é postulado por uma benevolência moderna; nada além de coisas que se compreendem por si só, com as quais, portanto, absolutamente nem um único ser humano deveria vir a se ofender. E não apenas audaciosamente se estabelecem essas coisas como virtudes dignas de assombro, mas, o que é pior, quem divulga essas doutrinas é considerado pelos grupos mais poderosos um grande homem [Mann], ou é venerado como um grande poeta, se lhes dá uma forma poética. E aquilo que, então, deveria entristecer mais os seres humanos, as poucas coisas que

7. Como ocorre frequentemente em muitos outros textos românticos, o caráter irônico deste parágrafo torna a leitura consideravelmente difícil. Aqui, Bernhardi, denunciando por inversão a vaidade dos que se dizem tomados de amor, potencializa a indiscernibilidade semântica através de jogos de palavras (muitas vezes intraduzíveis) e por repetições de palavras que imprimem ao texto uma rítmica pouco comum e mesmo uma reverberação fonética que pode ser tida por muitos como mera cacofonia.

8. Passagem sem aspas no original.

9. Sem aspas no original.

lhes vêm ao conhecimento, transforma-se em sua melhor opinião; como não acreditam propriamente naquela benevolência, aquela visão [Einsicht], que lhes deveria ocorrer apenas naturalmente, parece-lhes tão importante que sempre se medem a partir daquilo que, infelizmente, os seres humanos são, nunca daquilo que devem ser, de modo que, através dessa vaidade, mesmo os melhores ânimos perecem. Tornam-se tão fracos, sentem-se erguidos pelo louvor daqueles que eles desprezam, e tropeçam, mais uma vez, no ridículo da contradição de terem de desprezar, de acordo com sua opinião, aquela atenção que gostariam de comprar.

É de se lamentar que possamos compreender o ser humano sempre unicamente em relação aos outros, nunca em relação a nós. Às vezes, seu comportamento para com os outros torna-se tão injusto para nós, ocorre de modo tão ambíguo quanto as pequenas ofensas que nos são dirigidas, não por causa do egoísmo comum ao qual todos devem estar sujeitos, como se esclarece frequentemente, mas porque não podemos considerar o ser humano em relação a nós como uma obra de arte, pois somos também uma engrenagem da máquina, o que se esclarece através dessa relação, e, assim, não podemos observar seu funcionamento.

Não existe nenhuma verdade completamente verdadeira e nenhum erro completamente falso; não se deveria, acima de tudo, carimbar nenhuma coisa com esses dois nomes; pois ambos ocorrem apenas através do uso, e, então, é possível que o que na alma de um é um erro insípido, no ânimo de outro se torne uma verdade venerável.

Não há nada demais em trabalhar o campo e em viver tanto um dia quanto o outro em um feliz confinamento, nada de maravilhoso em se intuir em si ou no mundo, e, enfim, em se separar do mundo, como milhares no passado e como milhares no futuro. Mas é algo notável se alguém experimentou o ímpeto do coração em toda grandeza e sublimidade, se percorreu o círculo de todos os pensamentos, sentimentos e ações; diz-se de quem tem a sorte de clamar com firmeza por seu coração, sem contudo poder nomeá-lo, que não tem sossego, quando, então, enxergam que podem apenas andar em círculo, que devem permanecer voluntariamente onde inicialmente foram colocados, e com uma risada notam que o maior herói, no fundo, não faz nada de mais importante que trabalhar a terra, para que ela o alimente, e planta flores em seu pequeno jardim para que o alegrem, e arranca as ervas daninhas que as atrapalham. O ser humano é como uma criança de posse de uma bela estátua nua, com a qual brinca, e que coleta meticulosamente flores robustas e enfeites coloridos e dourados para adorná-la; infelizmente, a maioria dos homens permanece sempre uma criança a quem seu brinquedo eternamente desagrada, e frequentemente despem a bela imagem, mas como não gostariam de enxergá-la nua, ao invés disso, reúnem sempre novos trapos de sua pobreza para cobri-la; pensam que embelezam sua vida com poesia. Feliz daquele que logo joga fora as flores e lantejoulas com as quais a enfeita, que ri de seu agir infantil, que no máximo pendura algumas flores, e que é capaz de fruir da nobre beleza simples.

Ainda há em mim muito que gostaria de dizer, e, se pudesse colocar tudo no papel, muito de tudo o que eu disse pareceria ser superado, e, no entanto, não é assim; toda contradição na vida e no ser humano é apenas aparente, e se pudéssemos, como um deus, olhar tudo de cima e tudo compreender, então não voltaríamos nossos olhos a ninguém com má vontade.

Fica bem, meu caro amigo, quero dizer, e não posso sequer uma vez rir dessa tolice, que, em pensamento, dirigi realmente tudo a um ser que me entende e me ama, e por isso, publicamente, entrego essas folhas ao mundo, e quem quer que leia minhas palavras com amor, é a esse que elas foram escritas.

Karoline von Günderrode

(1780-1806)

[Karoline von Günderrode] Nascida em Karlsruhe, no sudoeste da Alemanha, em 11 de fevereiro de 1780, Karoline Friederike Louise Maximiliane von Günderrode foi a filha mais velha do casal Hector Wilhelm e Louise von Günderrode, e cresceu, com outros cinco irmãos, em uma família típica da nobreza financeiramente decadente do final do século XVIII alemão. Seu pai havia chegado mesmo a escrever algumas obras de economia política. Sua mãe, que se interessava pela filosofia de Fichte, publicara poemas e artigos de modo anônimo em diversas revistas, dos quais não se possuem mais registros. A morte do pai, quando Karoline tinha apenas seis anos, impactou de modo irreversível a situação financeira da família, que passou a depender de uma pensão destinada aos membros associados à linhagem dos Alten-Limpurg, com a qual a viúva e seus filhos puderam se estabelecer, ainda que modestamente, na cidade de Hanau. Desde 1797, a filha mais velha da família é integrada à Fundação Cronstetten-Hynsperg, em Frankfurt, um pequeno internato evangélico destinado a mulheres, no qual pôde estudar filosofia (Kant, Schelling e Schleiermacher, sobretudo), literatura e mitologia – alcançando a mais alta distinção entre as estudantes da instituição. Em 1799, conhece Friedrich Carl von Savigny, que se tornaria um reconhecido jurista nas décadas seguintes, mas a paixão não resultou em um relacionamento de fato. Ainda naquele ano, Karoline se apaixona por Friedrich Creuzer, professor de filologia da Universidade de Frankfurt. Creuzer chega mesmo a planejar manter seu casamento apenas socialmente, mas renuncia a essa decisão pouco tempo depois, por temor de que isso pudesse afetar sua carreira, ou, segundo informa a Karoline em carta, por pena de sua esposa. Entre 1805 e 1806, Günderrode publica dois livros sob o pseudônimo Tian, *Gedichte und Phantasien* [*Poemas e fantasias*] e *Poetische Fragmente* [*Fragmentos poéticos*], além de alguns fragmentos dramáticos. Após um longo período de grandes tensões emocionais, no dia 26 de julho de 1806, Günderrode se mata com uma punhalada no coração, à margem do rio Reno. Seu corpo foi encontrado na manhã seguinte por um barqueiro. Seu suicídio constituiu a imagem central do mito de uma poeta romântica dotada, mas infeliz. Somente nas últimas décadas sua obra tem se desprendido dessa mitologia e sido analisada com maior rigor.

1.

O sonho[1]

(circa 1802)

Eu atravessava ao lado de Lotte[2] uma bela região; diante de nós havia uma cabana em ruínas, entre o milharal e a pradaria, mas todas as espigas de milho estavam caídas em direção ao chão como se empurradas pelo seu próprio peso. Lotte estava vestida de branco, pálida e volátil; e minha alma estava triste. Os tempos mudam e se aceleram, eu disse: as espécies já se vão, e estás tão doente, e logo tu irás também. Ah!, disse ela: não fique triste que as espécies se vão, e que também eu logo me vou. (...)[3]

1. *Der Traum*. In: *GSW* I, p. 435. Os textos I a VIII fazem parte da seção "Nachlass" [Póstumos] de suas obras reunidas. Muitas dificuldades se impõem a certos trechos desse conjunto, uma vez que a gramática de Günderrode é bastante peculiar, sendo indecidível a demarcação do que constitui erro gramatical ou opção poética, mesmo considerando as variações dialetais do antigo alemão. Por exemplo, ela não assinala pelo uso de iniciais maiúsculas, de modo sistemático, a diferença entre *Sie* (vós) e *sie* (ela/eles/elas), e, embora algumas flexões verbais auxiliem na identificação da pessoa, isso não se dá em todos os casos. O mesmo se aplica à grafia de certas palavras (*ietz* por *jetz, agora*), variante que não procurei reproduzir de nenhum modo. Mantive, contudo, nos casos em que apresento entre colchetes o termo original, a grafia de sua autora. Enfim, assinalo, nos casos necessários, as variações quanto ao uso de maiúsculas para substantivos, em alemão sempre obrigatório, e para adjetivos.

2. Charlotte, irmã de Karoline, falecida em 29 de outubro de 1801. Supõe-se que o texto narra um sonho posterior a essa morte.

3. O manuscrito se interrompe aqui.

2.

[A excelência é um todo...][4]

(circa 1804)

A excelência é um todo que não possuímos; ela é comparável ao azul do céu sobre nós, e nossa excelência é apenas um esforço em sua direção, uma visão dele; por isso não existe nenhum Amor Pessoal, apenas amor à excelência.

*

Deixa-te viver como és, sem fazer truques para contigo, quer dizer, sem te levar a querer amar coisas que não podes amar; teu lamento de que não amas é um anseio por amor; esse anseio é um pensamento (porque não tem nenhum objeto em que repousar) que olha fixamente para o infinito; agora, meu pensamento encontra seu ascendente olhar informe e o constrói, dá-lhe uma forma [Form];[5] caso eu tenha encontrado, então, todos os teus pensamentos que não têm ainda nenhuma forma, com os meus, e caso os tenha formado, [e] logo tome, então, outra direção com meus pensamentos, acreditas que te abandonei, mas teria de ser arrogante, se quisesse levar à felicidade aqueles que não me pediam-no.

*

4. [*Die Vortrefflichkeit ist ein Ganzes...*]. In: *GSW* I, p. 436-438. O título atribuído a este conjunto de fragmentos, aparentemente escritos para formarem uma unidade, deriva do começo do primeiro deles.

5. Nota de pé de página inserida neste ponto pela autora: "seu fundamento e seu fim na consciência" [ihrem Grund u. Zweck im Bewustsein].

Experimentei tudo que vos digo, estive em vossa condição, mas em um grau mais elevado. Esforcei-me através da superstição e da dúvida, e voltei à fé; tendes também de acreditar, pois tudo é, de fato, fé; mesmo a mais moderna e mais digna filosofia se volta à fé.

*

Há duas vidas[,] a comum (a pior é como a nossa) e a mais elevada; muitos seres humanos alternam entre as duas; o verdadeiro artista permanece inteiramente na última[,] ela é a verdadeira benção, e para quem alguma vez a adentrou, o mundo está perdido, sem salvação.

*

Há somente dois modos de viver corretamente[:] mundanamente ou celestialmente; pode-se servir ao mundo e ser útil, dirigir um escritório[,] ocupar-se com negócios, educar filhos, assim se vive mundanamente. Ou se vive celestialmente, na contemplação da eternidade, do Infinito esforço até ela (um tipo de noviciado). [Q] uem quer viver de outro modo, que não um desses dois, se corrompe.

*

Ainda cresceis no mundo, como a maçã na árvore, mas, quando a fruta está madura, ela cai do galho; ela ganha, assim, sua forma [Gestalt] própria, está completa. Tendes também de vos despregar do mundo, e tornar-vos vós mesmos, então estais completos. Uma lei impera em toda a natureza.

*

Rasgastes uma imagem santa e não quereis por isso rezar, eis vossa condição; persistis na contemplação dos vossos erros e renegais o Altíssimo.

*

Pareceis-me como alguém que canta mal com uma bela voz; viveis mal com boas capacidades.

*

As pessoas dizem que sou inútil porque não tenho nenhuma ocupação, e, contudo, trabalho em prol da eternidade, através da influência que tenho sobre o ânimo de muitos. Quem quer ser um sacerdote entre os seres humanos não pode mentir; por isso não posso andar com os fariseus; por isso não posso esconder a verdade. Que meus contemporâneos não prestem atenção em mim, pouco se me dá; quem adere a uma doutrina melhor deve sempre experimentar isso; não sucumbirei, portanto; os apóstolos tinham esposa [Weib] e filhos e, no entanto, abandonaram tudo e seguiram ao Cristo.

*

O verdadeiro, genuíno amor é normalmente uma aparição infeliz, a pessoa se aflige e é maltratada pelo mundo. O flerte sempre foi interessante para mim; ele é tanto o jogo mais espiritualmente rico quanto o maior exercício para o espírito; chega-se, através dele, ao que é próprio sem se perder a si mesmo.

*

Há neles[6] uma mistura que eles têm de aprender a separar, não através dos pensamentos (pois seus pensamentos são exatamente a mistura), mas através da ocupação organizada. Que poetizem [Dichten sie] com a fantasia, trabalhem com os braços, dancem com os pés, leiam Goethe e Homero, e os estudem, quer dizer, leiam-nos com alegria,

6. Ou seja, nos homens.

e até que tenham diluído as pessoas nos pensamentos, quer dizer, até que Ájax não permaneça para eles apenas o herói, não, até que reconheçam nele o pensamento infinito (que se apresentou através da arte sob a forma humana). Até agora todas as necessidades deles se relacionavam ao amor e o demandavam, por isso seu amor não é livre,[7] não é digno de amor; mas, quando fizerem tudo isso, sentir-se-ão mais elevados e felizes. De resto, que eles sejam mais determinados, que não tolerem nada mau em seu Ser. Que não caminhem muito entre seres humanos vulgares, pois é isso que quer dizer pisar os pés na excelência.

*

Minha visão da morte é a mais tranquila. Um amigo me é, com sua vida, o que a gramática é para mim; ele morre e, então, se me transforma em poesia. Preferiria não saber nada de meu melhor amigo do que não conhecer uma bela obra de arte qualquer.

7. Nota de pé de página inserida neste ponto pela autora: "[não é] necessário mais".

3.

um sonho[8]

(circa 1804)

Aproximei-me de um buraco escuro[9][,] aí dormiam um sono profundo os tempos passados e os grandes espíritos do mundo ancestral

E eles não podiam despertar, se também quisessem, pois estavam enfeitiçados nesse lugar sinistro, e cercados por noite e sono.

E eles faziam todo tipo de movimentos violentos, e queriam irromper do sono[,] mas a força do feitiço os detinha cativos em pesada anestesia

Na medida em que cheguei mais perto[,] notei um poderoso rugido, como os ventos selvagens quando, uivando, batem suas frontes nas rochas

E eu estava certa de que isso eram os destinos deste tempo, o acontecimento do presente, que, no buraco, tão poderosamente corriam por toda parte

Mas no ouvido dos que dormem penetrava apenas levemente o confuso rugido de suas vozes; eles erguiam as frontes, esfregavam os olhos e esticavam ansiosamente seus braços em direção à vida

8. *ein Traum*. In: *GSW* I, p. 439. O artigo indefinido é escrito com inicial minúscula no título. O texto segue a forma da prosa poética, de modo que nem toda frase termina com ponto final.

9. No original, *eine dünkle Höle*. Tal como está escrito, o substantivo, feminino em alemão, não existe no vernáculo; ele poderia tanto estar no lugar de *Höhle* (buraco, caverna), quanto de *Hölle* (inferno). Pela sequência do texto, optei pelo primeiro caso.

Sempre mais poderosa, transbordava a torrente dos tempos; seu progresso era impetuosamente cada vez mais temerário; os espíritos do passado se esforçavam para despertar, em vão!; a força do mago os envolvia cada vez mais firme, eles afundavam novamente em direção ao sono anestésico.

4.

O rouxinol[10]

(circa 1804)

Acordei para uma doce vida no colo de um arbusto perfumado; um riacho murmurava baixo através do prado florido, e via o céu azul calma e nitidamente através dos galhos, enquanto, pela primeira vez, me via em meio ao mundo, – (...)[11]

10. *Der Nachtigall.* In: *GSW* I, p. 440.
11. O texto se interrompe aqui.

5.

O reino dos sons[12]

(circa 1803)

Em todas as matérias habita uma vida secreta, mas ela está presa nelas com os apertados laços de um tecido do qual ela não pode se livrar sozinha. Quando, contudo, um obstáculo [Anstoss] externo toca a matéria, então os nós se desfazem, os sons saem de seus calabouços, abraçam, trêmulos, o ar, e, em harmônicas vibrações, voam uns sobre os outros. Assim, há muito tempo, quando todas as coisas ainda estavam misturadas em uma massa crua, o espírito vivo flutuou sobre todas as matérias, e, quando ele a abraçou, nasceu de sua mistura uma série de formas harmônicas[.]

12. *Das Reich der Töne*. In: *GSW* I, p. 441.

6.

A música[13]

(circa 1803)

Mas, uma vez que os sons errantes fluíram nos ouvidos do ser humano, ele os acolheu em sua mais profunda intimidade, carregou-os em seu coração, e, uma vez que inalou de seu espírito, é chamado a vagar com eles e a falar com as Almas Afins [Verwanden Seelen]. Assim, cada músico carrega mais uma vez sob seu coração o reino dos sons, alimenta-o com seu espírito, e de novo, então, dá-o à luz, e carrega seus traços e vagueia até um novo renascimento.

13. *Die Musik*. In: *GSW* I, p. 442.

7.

A música para mim[14]

(circa 1803)

Não consigo entender a essência e o movimento da música; suas leis internas permanecem interditadas para mim; também meu juízo acerca do que nela é e não é excelente é vacilante e influenciável. Minha atenção não consegue acompanhar uma bela música em seu percurso; escuto por um momento, mas logo meu espírito se perde em uma série de imagens que vêm e vão, às quais logo se acrescentam representações hesitantes, sonhos coloridos; e logo vejo nuvens escuras que rapidamente levam a tempestades trovejantes, e, então, a um mar escuro, iluminado pelo pálido luar, que se quebra espumejante em rochas negras. Essas e muitas outras representações de parte de minha vida seguem rápido, fluindo e refluindo por toda minha alma: e essa vida que a música desperta em mim me é tão poderosa que eu não mais consigo examiná-la, e uma música que não age de modo semelhante em mim me dá pouca alegria. A tempestade é para mim um verdadeiro despertador dos mortos. Pois, se penso em seu trovejar, me vêm as imagens do passado saídas de suas tumbas, e, mais uma vez, passeio entre elas.

14. *Die Musik für mich*. In: *GSW* I, p. 443.

8.

Sonhos[15]

(circa 1804)

Meu amigo estava há vários dias em uma cidade vizinha, quando sonhei que ele tinha recebido a notícia de que lhe era necessário viajar para a África; chorei muito com isso. No dia seguinte, ele veio para dizer adeus, pois precisava viajar para a Itália. Nunca havia pensado nisso, nem poderia sabê-lo.

*

Eu tinha duas irmãs; a mais velha eu amava acima de tudo, pois ela tinha comigo uma grande semelhança de disposição; estava há várias semanas longe dela e pensava nela frequentemente com nostalgia e amor, então sonhei um dia que ambas as irmãs estavam mortas; fiquei muito triste com isso. Então apareceram-me seus espíritos no pátio de uma velha casa na qual havíamos vivido uma grande parte de nossa juventude. Ambas saíram de um quartinho escuro do qual eu sempre tinha tido um certo medo. Era noite, soprava uma úmida brisa de outono e a chuva caía torrencialmente. Minha irmã mais velha se aproximou de mim e disse: Uma eterna necessidade fria rege o mundo, e não um amigável ser amado. Acordei; sonhei ainda várias vezes que ela tinha morrido, apesar de que ela estava muito saudável. Após dois anos, o sonho se cumpriu, ambas morreram uma logo após a outra –

*

15. *Träume*. In: *GSW* I, p. 444-445.

Estava passando um tempo no campo, na casa de uma amiga, que fazia preparativos para uma viagem à Itália; a mim me doía muito não poder tomar parte nessa viagem, pois meus amigos tinham me dado muita esperança de que eu a fizesse, o que já havia propiciado muitas vezes desagradáveis discussões. Então sonhei que quis abandonar meus amigos e que por isso me ocupava em arrumar minha mala; então meu amigo entrou no quarto e falou de modo muito inamistoso acerca de minha pretensão quanto a essa viagem; ele de fato se indispôs tão duramente comigo que rompi num choro sonoro; acordei com isso e chorei realmente tão forte que me foi inútil entender que tinha sido apenas um sonho; para me acalmar, levantei-me e alcancei a janela. O dia tinha acabado de raiar, chovia bem fino, o ar estava tépido, as flores da macieira exalavam adoravelmente, e no bosque próximo o cuco atacava com uniformes sons melancólicos. Isso me acalmou, voltei para a cama e caí no sono. Na manhã seguinte tive uma sensação estranha, era como se o sonho tivesse dissolvido algo que, em silêncio, estava especialmente rígido dentro de mim. O sonho se cumpriu espantosamente; vivenciei em pouco tempo uma cena excepcionalmente desagradável com meus amigos, e aí realmente arrumei minhas coisas para deixá-los; o motivo apenas não foi uma viagem para a Itália, mas para Würzburg.

9.

Um fragmento apocalíptico[16]

(circa 1804)

1. Estava de pé, em um rochedo alto no Mediterrâneo, e diante de mim estava o leste, e atrás de mim o oeste, e o vento tocava no mar.

2. Então o sol se pôs, e, quando ele estava quase escondido na descida, veio novamente em ascensão a aurora, e a manhã, o meio-dia e a noite caçaram-se uns aos outros em vertiginosa pressa em volta do arco do céu.

3. Espantada, vi-os se revolverem em círculos selvagens; minha pulsação não correu mais rápido, meus pensamentos não se moveram mais bruscamente, e o tempo em mim seguiu o curso habitual, embora, exteriormente, se movesse segundo novas leis.

4. Queria me afogar de novo na aurora, ou me esconder nas sombras da noite, para ser levada em sua pressa e não viver tão tediosamente; mas como sempre pensava, ficaria muito cansada e faleceria.

5. Então, vi diante de mim um largo mar que não era cercado por margem alguma, nem a leste, nem ao sul, nem a oeste, nem ao norte: nenhuma corrente de ar movia as ondas, mas o incomensurável oceano ainda assim se movia em sua profundeza, como que movido por fermentações internas.

16. *Ein apokaliptisches Fragment*. In: *GSW* I, p. 52-54. O texto foi publicado pela primeira vez em 1804, sob o pseudônimo Tian, na coletânea poética *Gedichte und Phantasien* [*Poesias e fantasias*].

6. E variadas formas se erguiam do colo do mar profundo e a neblina se levantava e se tornava nuvens, e as nuvens se dissolviam e tocavam em relâmpagos tortuosos as vagas nascentes.

7. E formas sempre variadas emergiam da profundeza; mas me tomou uma vertigem e um excepcional temor; meus pensamentos foram empurrados para cá, para lá, para acolá, como uma tocha ao vento da tempestade, até que minha lembrança desvaneceu.

8. Então voltei a acordar, e comecei a perceber que não sabia por quanto tempo tinha dormido, se foram séculos ou minutos; pois, se tinha tido sonhos ao mesmo tempo nebulosos e confusos, contudo, não me ocorria nada que me teria lembrado do tempo.

9. Mas havia um sentimento obscuro em mim, à medida que eu tocava o colo desse mar e dele me erguia, como as outras formas. E eu parecia uma gota de orvalho e me movia alegre, indo e voltando, e me alegrava que o sol se refletia em mim e as estrelas me contemplavam.

10. Deixei-me arrastar pelos ares em correntes velozes, e me uni ao crepúsculo, às gotas de sete cores do arco-íris; enfileirei-me com meus companheiros ao redor da lua quando ela quis se esconder, e acompanhei seu curso.

11. O passado já era para mim! Pertencia apenas ao presente. Mas havia em mim uma ânsia que não conhecia seus objetos; eu procurava sempre, mas tudo encontrado não era o procurado, e me via vagando no infinito.

12. Um dia eu soube que todos os seres que se ergueram do mar a ele retornaram e se constituíram em formas cambiantes. Essa aparição me era estranha: pois não sabia de nenhum fim [Ende]. Então pensei que também minha ânsia tinha de retornar à fonte da vida.

13. E quando eu pensei isso, e quase me senti mais viva do que toda minha consciência, foi meu ânimo repentinamente como que envolvido em névoas intoxicantes. Mas elas se dissiparam logo; não me parecia mais comigo, e, contudo, o era mais do que habitualmente; não conhecia mais meus limites, minha consciência os tinha ultrapassado; estava maior, era outra, e, no entanto, me sentia nela.

14. Estava livre das firmes restrições de meu ser, e não era mais uma gota isolada; eu repercutia tudo, e tudo me pertencia; eu pensava, eu sentia, vagava no mar, brilhava no sol, girava com as estrelas, sentia-me em tudo e experimentei tudo em mim.

15. Portanto, quem tiver ouvidos para ouvir, que ouça! Não existem dois, nem três, nem mil; existe apenas um e todos; não há corpo e espírito separados, que pertença um ao tempo, o outro, à eternidade; há apenas Um, pertencente a si mesmo; o tempo e a eternidade são iguais, e o visível, e o invisível, permanecendo em transição, são a vida infinita.

10.

Os manes. Um fragmento[17]

(1804)

Aluno: Sábio mestre! estive ontem nas catacumbas do rei da Suécia. Dias antes tinha lido a história de Gustavo II Adolfo,[18] e me aproximei de seu túmulo com um sentimento excepcionalmente estranho e doloroso; sua vida e suas ações passavam diante de meu espírito; vi, ao mesmo tempo, sua vida e sua morte, sua grande capacidade e sua profunda tranquilidade, na qual ele, apesar de já passados dois séculos, dorme. Trouxe-me de volta à lembrança a apavorante época sombria em que ele viveu, e meu ânimo parecia uma cripta da qual se erguiam, pálidas e vacilantes, as sombras do passado. Chorei por sua morte com lágrimas cálidas, como se ele tivesse sucumbido somente hoje. Deixado! Perdido! Desaparecido!, disse a mim mesmo; são esses os frutos de uma grande vida? Esses pensamentos, esses sentimentos, me subjugaram; tive de abandonar a cripta; procurei distração; procurei outras dores, mas o espírito subterrâneo, opaco, me seguiu por toda parte; não pude me livrar dessa melancolia; ela permanecia como uma fita de luto[19] sobre meu presente; essa época parecia-me insípida e

17. *Die Manen. Ein Fragment*. In: *GSW* I, p. 30-35. *Manes* era o nome dado pelos antigos romanos, em sua mitologia, aos gênios ou às almas dos mortos, aos quais se faziam oferendas e votos, inclusive em períodos de crise política, o que os colocava no estatuto da divindade. Este pequeno diálogo místico-metafísico foi publicado originalmente em *Gedichte und Phantasien* [*Poesias e fantasias*], em 1804. Ele atesta o grande interesse de Günderrode pela mitologia antiga, que se desenvolverá em muitas outras de suas poesias e peças.

18. Gustav II Adolf (1594-1632), rei da Suécia entre 1611 e 1632, ano de sua morte durante uma batalha em Lützen, na Alemanha. É representado na historiografia nacionalista sueca como grande estrategista militar, especialmente por suas intervenções na Guerra dos Trinta Anos.

19. No original, *Trauerflohr*: fita de tecido preto que se amarra ao braço para demonstrar luto, especialmente nos países anglo-saxônicos.

vazia; uma dor cheia de ânsia me empurrava violentamente para o passado. Deixado! Desaparecido!, chamou meu espírito. Ó, eu queria estar com os que já se foram! e não ter visto esse tempo ruim no qual o mundo ancestral se esvai, no qual sua grandeza está perdida.

Professor: Perdido, jovem homem? Não estás perdido, e sob nenhuma perspectiva; nossos olhos apenas precisam não ignorar a longa, infinita corrente das causas até todas as consequências. Mas se também não quiseres[20] considerar isso, não podes, ainda assim, chamar de perdido e passado o que tão fortemente te comove, e tão poderosamente age sobre ti. Conheço-te há muito tempo, e parece-me que teu próprio destino e o presente dificilmente te comoveram tanto quanto a lembrança desse grande rei. Não vive ele agora em ti[?],[21] ou chamas de vida apenas o que sobrevive na carne e no visível?, e, para ti, o que ainda age nos pensamentos, e aí está, está deixado e perdido?

Aluno: Se isto é uma vida, não é, contudo, mais do que uma pálida vida de sombras; pois a lembrança dos que já se foram, dos reais, é algo mais do que as sombras pálidas dessa realidade!

Professor: O presente positivo é o menor e mais fugidio ponto; enquanto atentares para o presente, ele já passou; a consciência do prazer reside sempre na lembrança. Sobre o que passou, então, nesse sentido, pode-se, indiferentemente, apenas considerar se passou há muito ou pouco tempo.

Aluno: É verdade. Mas, assim, um grande ser humano não continua a agir em mim segundo seu modo, mas, antes, segundo o meu, segundo

20. Neste diálogo, ambos os personagens se tratam por *du* (*tu*), o que é uma situação excepcional: quando muito, apenas o professor está normalmente autorizado a tratar seus alunos desse modo mais informal.

21. No original, a frase termina com uma exclamação, que troco por uma interrogação para explicitar seu sentimento.

a maneira como eu o apreendo, como e se quero me lembrar do modo dele.

Professor: Certamente ele continua a viver em ti somente na medida em que tens sentido [Sinn] para ele, na medida em que tua condição te torna apto a recebê-lo em teu interior, na medida em que tens com ele algo homogêneo; o que é estranho em ti não estabelece com ele nenhuma ligação, e ele não pode agir sobre isso; e somente com essa restrição todas as coisas agem. Aquilo para que não tens sentido está para ti perdido, como o mundo das cores para os cegos.

Aluno: Daí se segue que nada é completamente perdido, que as causas continuam a agir sobre suas consequências (ou, como te expressas, *continua a viver*), mas que podem agir somente sobre aquilo que tem a predisposição, ou o sentido para elas.

Professor: Exatamente.

Aluno: Muito bem!, que o mundo e a razão possam ter o suficiente para *não estarem perdidos* em relação a isso, a esse modo de continuar a viver; não é, contudo, suficiente para mim; uma ânsia profunda me conduz de volta ao colo do passado; queria permanecer em uma ligação imediata com os manes da grandiosa época do passado.

Professor: Consideras isso possível?

Aluno: Eu o considerava impossível enquanto ainda nenhum desejo me levava para aí, realmente; até há pouco considerava toda pergunta do tipo como tolice; hoje já desejaria que fosse possível uma ligação com o mundo dos espíritos; realmente, parece-me que estou inclinado a achá-la crível.

Professor: Parece-me que os manes de Gustavo Adolfo ajudaram teus olhos interiores em um benfazejo nascimento, e parece-me que estás maduro para examinar minha opinião sobre esses objetos. Assim como, certamente, todas as coisas harmônicas estão em certa ligação, podendo apenas estar, então, visíveis ou invisíveis, também certamente nós estamos em uma ligação com *a parte* do mundo dos espíritos que se harmoniza conosco; um pensamento semelhante ou igual em diferentes cabeças, mesmo se elas não souberem uma da outra, é já uma ligação no sentido espiritual. A morte de um ser humano que está comigo em uma tal ligação não supera essa ligação. A morte é um processo químico, uma separação das forças, mas não o aniquilamento, ela não rompe o laço entre mim e a alma semelhante, mas o progresso de um e a retenção do outro podem bem superar essa comunhão, assim como um ser humano que progrediu em toda excelência não será mais harmônico com seu jovem amigo, ignorante e rude, que permaneceu. Poderás facilmente aplicar o que foi dito de modo totalmente universal e totalmente sobre o que é específico?

Aluno: Perfeitamente!, dizes que harmonia das forças é ligação, que a morte não supera essa ligação, na medida em que separa apenas, não aniquila.

Professor: Eu acrescentaria ainda: a superação [Aufheben] daquilo que propriamente acabou com essa harmonia (por exemplo, mudança das perspectivas e opiniões, caso a harmonia consista exatamente nisso) também tem de necessariamente superar essa ligação.

Aluno: Não me distraí quanto a isso.

Professor: Bom. Pode uma ligação com os mortos também ocorrer na medida em que eles não cessaram de se harmonizar conosco?

Aluno: Concedido.

Professor: Isso depende apenas de que essa ligação seja notada. Forças meramente espirituais podem não ser reveladas aos nossos sentidos exteriores; elas não agem sobre nós através de nossos olhos e ouvidos, mas, antes, somente através do órgão pelo qual uma ligação com eles é possível; através do sentido [Sinn] interno, elas agem sobre ele imediatamente. Esse sentido interno, o mais profundo e mais refinado órgão da alma, é em quase todo ser humano inteiramente não desenvolvido, e está aí apenas segundo seu germe; considerar o ruído do mundo, as obrigações dos afazeres, o costume somente *na* superfície, e somente *como* superfície, não permite que ocorra nenhum aprendizado, nenhuma consciência distinta, e, assim, ele [o órgão] não é reconhecido como universal, e o que aqui e ali se revelou a ele em todas as épocas encontrou tantos descrentes e detratores; e até agora, sua recepção e ação são a mais rara individualidade em seres humanos extraordinariamente raros. – Estou muito longe de dar a palavra a tantas ridículas manifestações de espíritos e visões; mas posso pensar claramente comigo mesmo que o sentido interno pode vir a ser afetado em um grau a partir do qual a manifestação do interior pode se dar diante do olho físico, como, costumeiramente, se dá no sentido inverso, em que a manifestação exterior se dá diante do olho do espírito. Para explicar, não preciso, portanto, de todas as maravilhas, nem [recorrer à] ilusão e [a]o engano dos sentidos. Antes, lembro-me de que se nomeia esse desenvolvimento do sentido interno, na linguagem do mundo, imaginação sobressaltada [überspannt Einbildung].

Para quem, então, o sentido interno, o olho do espírito, se desenvolveu, esse vê as coisas invisivelmente ligadas a ele de outro modo. Desse sentido interno se produziram as religiões, e muitos apocalipses dos tempos antigos e modernos. Distinguir, a partir dessa capacidade do sentido interno, ligações que, para outros seres humanos (cujo olho do espírito está fechado), são invisíveis é o que dá lugar ao profetismo, pois ele não é nada além do dom de enxergar a ligação do presente e do passado com o futuro. Não se pode aprender a arte do adivinho, o sentido para ela é misterioso; ele se desenvolve de modo misterioso; ele se revela apenas como um raio ligeiro, que, então, é novamente sepultado pela noite escura. Não se pode invocar espíritos através de conjurações, mas elas podem se revelar ao espírito;

a receptividade pode recebê-los; eles podem se manifestar ao sentido interno.

O professor se calou e seu ouvinte o deixou. Vários pensamentos comoveram seu íntimo, e toda sua alma se esforçou para se apropriar do que foi ouvido.

11.

Ideia da Terra[22]

(1806)

A Terra é uma ideia realizada [Die Erde ist eine realisrte Idee], ao mesmo tempo, uma (força) eficiente e uma (aparição) efetivada; [ela é] portanto uma unidade entre alma e corpo [Leib], dos quais um dos polos da atividade que eles desenvolvem exteriormente nós chamamos extensão, forma, corpo [Körper], e, quanto ao que se volta ao interior, intensidade, essência, força [Kraft], alma. Então, assim como a totalidade da Terra só se constitui, desse modo, através dessa unificação de alma e corpo, também o individual e o menor só são pensados através dela, e não podem ser pensados enquanto divididos, pois o exterior sem o interior, uma essência sem forma e uma força sem uma ação qualquer não são concebíveis. Assim são os elementos, os polos dessa essência terrestre; cada indivíduo é em si mesmo corpo e alma, mesmo que em diferentes relações com ambos, de modo que o polo espiritual ou corpóreo possa ser predominante. A mistura mais íntima de diferentes elementos com o mais alto grau de contato e atração chamamos de vida; a que [grau de] completude ela pode, então, também ter se desenvolvido, isso é, de fato, apenas o produto da síntese de elementos contingentes da vida, e com a dissolução dessa síntese, acaba-se também o produto; mas o princípio da vida nos elementos é imortal, ele precisa apenas de um novo contato e articulação, como a de antes, e a nova vida floresce

22. *Idee der Erde*. In: *GSW* I, p. 446-449. Optei por traduzir o substantivo com uma inicial maiúscula para diferenciá-lo da acepção meramente geológica do termo.

com todas as flores, que chamamos de pensamentos e sensações, e organismo, e corpo e alma.

Assim, a vida é imortal e ondula para cima e para baixo nos elementos, pois eles são a própria vida; a vida determinada e individual, contudo, é apenas uma forma de vida dada através dessa articulação, atração e contato determinados, que não podem durar mais do que a mera articulação.

Mas quando, então, a morte do ser humano retorna sua mistura para a substância terrena, o que nela era o que designamos como força, ação, ou várias outras [coisas] desse teor, nas quais o polo ativo predominou, se revolve de novo naquilo que, na Terra, as modifica; os elementos mais grosseiros procuram pelos semelhantes segundo leis da afinidade; mas, em outros casos, esses elementos surgiram depois de terem sido uma vez forçados, no organismo, à vida, quando, um dia, foram levados à articulação orgânica, isto é, se tornaram vivos, e aumentam enquanto retornam à Terra a vida terrena, como um par que, na longa luta de sua força, quando a luta terminou, se tornou mais solidamente firme do que era antes; pois assim os elementos são vivos, e a força viva se fortalece em cada exercício; no entanto, cada forma que eles produziram é para eles apenas um desenvolvimento de seu princípio vital. No entanto, a Terra dá de novo à luz a matéria vital que lhe é retornada, sempre em novas aparições, até que tudo nela tenha se tornado vivificável, através de transformações sempre novas; se todas as massas orgânicas se tivessem assim transformado, então, pela primeira vez, a ideia da Terra se teria realizado.

Assim, todo moribundo devolve à Terra uma vida elementar aumentada, mais desenvolvida, que ela plasma em formas cada vez mais ascendentes, e o organismo que, desse modo, incorpora em si elementos, sempre mais desenvolvidos, deve, com isso, se tornar cada vez mais completo e universal. Assim, a Totalidade se torna viva através da queda da individualidade, e a individualidade continua a viver, imortal, na totalidade, cuja vida ela vivamente desenvolveu, e, mesmo após a morte, elevou e ampliou; e, desse modo, através do viver e do morrer, ajuda a realizar a ideia da Terra. Assim como meus elementos podem ser destruídos quando se reunirem ao já vivido, eles também o tornarão vivo se o favorecerem, quando aquilo que ainda vive se igualar à morte. A ideia dos hindus da transmigração das almas deriva dessa opinião, e, assim, os elementos vitais não deveriam mais migrar e procurar quando a Terra tiver alcançado, de uma ponta a outra, o orgânico adequado à sua existência; contudo, todas as formas do organismo produzidas até agora não deveriam satisfazer, pois ele sempre as rompe e procura outras novas, ainda que não se chegue à forma completamente idêntica ao ser a partir dessas rompidas, pois ela seria completamente igual a ele, e dele inseparável; essa completa unidade do ser e da forma não pode de modo algum ser alcançada na *individuação* e na diversidade, pois justamente através *dessa* a forma é diferenciada do ser; enquanto o ser só pode ser um, as formas, contudo, podem ser diferentes. A Terra só pode ganhar a existência que lhe é adequada quando suas manifestações orgânicas e inorgânicas se diluem em um organismo comunitário, quando ambos os fatores, ser (corpo [körper]) e pensar (espírito), permeiam até a indivisibilidade; onde todo corpo [Leib] também seria como pensamento, todo pensamento também seria como corpo, e um corpo [Leib] verdadeiramente mais esclarecido, sem defeito e doença, e imortal, seria completamente diferente daquilo que chamamos corpo [Leib] ou matéria, e a que atribuímos perecibilidade, inércia, doença e carência, pois este tipo de corpo [Leib] é apenas como uma infeliz tentativa da natureza de produzir aquele corpo imortal ideal [unsterblichen Ideelen Leib]; se a Terra alguma vez será bem-sucedida em se organizar imortalmente desse modo, não o afirmo; pode haver em seus elementos primordiais uma inadequação entre ser e forma que sempre a tenha impedido disso, e talvez à totalidade de nosso sistema solar inteiro pertença exatamente a tarefa de removê-la; e talvez, por outo lado, ele não a alcance, e seja uma tarefa para o universo como um todo. A verdade é a expressão do que é sempre *igual* a si; a justiça é o esforço da totalidade de ser igual a si mesma na individualidade; beleza é ser igual a si mesmo, e harmonicamente; amor, bondade, compaixão são o anseio da individualidade de se experimentar a si mesma na totalidade, isto é, de tornar a totalidade interior à individualidade, e de se acrescentar a totalidade à personalidade renegada. O que sempre é igual a si, harmônico consigo mesmo, não é rompido na individualidade, é imortal, sem mudança e doença, enfim, é aquilo que designei como a ideia realizada da Terra (ou do universo); toda virtude e excelência individuais são, então, simplesmente esforços do espírito da Terra de aproximar-se daquele estado (que pode se dar ainda mais na individualidade); através de toda verdade, justiça, beleza e virtude ele se torna mais igual a si mesmo, mais harmônico e mais livre das amarras da personalidade; através de toda ação da injustiça, da falsidade, do egoísmo, aquele estado é afastado, e o deus da Terra quebra as correntes daquele que elimina seu egoísmo segundo uma vida melhor em todo ânimo, através da disposição para a excelência.

12.

Cartas de dois amigos[23]

(1806)

A Eusebio[24]

Perdoa, ó amigo!, que eu, com língua infantil,
Do profundo santuário do teu coração,
Ouse reverberar gentilmente acordes,
Mas silencie puerilmente diante do Altíssimo.

E queria eu falar, contudo, para tua glória,
Perdoa a ousadia de não me desesperar.
Com uma única flor, penso no verão,
E com um único raio de luz me recompenso do dia.

Mesmo a natureza, em sua sagrada plenitude,
Ela se revela inteira em cada lidar,
A mais elevada vida na mais profunda calma.

23. *Briefe zweier Freunde*. In: *GSW* I, p. 350-362. O texto integra o volume *Melete*, que Günderrode havia mandado imprimir pouco antes de se suicidar, em 1806, sem nunca chegar a vê-lo como livro. Friedrich Creuzer, seu amante (e suposto pivô de sua morte), conseguiu impedir sua venda. O volume só foi, enfim, dado ao público em 1906. Creuzer aparece aqui sob o pseudônimo de Eusebio, mas as cartas foram inteiramente uma elaboração literária de Günderrode.

24. Traduzo aqui apenas literalmente o texto do poema que serve de introdução a essas cartas. No original: "Vergib, o Freund! daß ich mit kind'scher Sprache,/ Aus deines Herzens tiefem Heiligthume,/ Akkorde leise nachzulallen wage,/ Beim Höchsten aber schülerhaft verstumme.// Und reden möcht' ich doch zu deinem Ruhme,/ Vergib der Kühnheit, daß ich nicht verzage./ Den Sommer mein' ich mit der Einen Blume,/ Und Einen Strahl entwand ich nur dem Tage.// Doch die Natur in ihrer heil'gen Fülle/ Sie offenbart sich ganz in jedem Handeln,/ Das höchste Leben in der tiefsten Stille.// Erhascht' ich einen Zug aus deinem Bilde,/ Wie reichlich auch Gedanken in dir wandeln,/ So bist du's ganz in deiner frommen Milde" (*GSW* I, p. 350).

Capto um traço de tua imagem,
Quão abundantemente os pensamentos também vagueiam em ti,
Estás, assim, inteiro em tua piedosa clemência.

A Eusebio

Com alegria, às vezes volto a pensar no dia em que nos encontramos pela primeira vez, quando, com um embaraço cheio de veneração, te encarei, como um leigo ao sumo-sacerdote, ansioso por aprender. Tinha determinado a mim mesma que te agradaria onde possível, e a consciência de meu valor próprio teria sido abalada em seu fundamento caso te afastasses indiferente de mim; mas não concebo ainda como se deu que eu te conquistasse em tão ampla medida para mim; meu próprio espírito tem de me ter sido, naquela conversa, multiplicado por dois. Com ela, uma nova vida começou para mim, pois, pela primeira vez, encontrei em ti, como uma condição predominante, aquela elevação verdadeira em direção às visões mais elevadas, nas quais tudo que é mundano se dissolve como um sonho inessencial; em ti alcancei, para mim, a mais elevada ideia, também de uma realidade terrena. Nós temos primeiro de nos ligar a outros mortais e nos preparar corpórea e espiritualmente, se quisermos participar da ceia do Senhor; tu receberias Deus diariamente sem essas preparações.

A mim, ó amigo!, os poderes celestes não são tão favoráveis; frequentemente fico aborrecida e, na maior parte das vezes, não sei mais a respeito de quem, de mim mesma ou da época, pois também ela é pobre em intuições inspiradoras para o artista de qualquer tipo; tudo o que é grande e poderoso se distribuiu em uma massa infinita, sob a qual ele quase desaparece. Profana justiça do destino!, para que nenhum deles se refestele e nenhum deles passe fome, temos de lidar com todos em sóbria contenção. Também ainda aí é algo maravilhoso quando a economia cresce, em todo sentido e em todas as coisas, em direção a essa considerável virtude. Essa abjeção da vida, que se nos permita confessar, aconteceu com o protestantismo.

Eles todos comungarão com o cálice, os leigos e os consagrados; quanto a isso, ninguém pode beber satisfatoriamente ao ponto de se tornar pleno de Deus, mas o gotejar não é suficiente para ninguém; por isso eles não sabem o que lhes falta, e, sobre isso, entram em uma disputa e protesto. – Mas, o que te digo! Tantas vezes já vislumbraste no exterior esses males da época, mas eles não podem te dizer respeito, já que só podes vê-los em contraposição com tua própria natureza, e nenhuma contraposição chegou a ti através dela. Basta também desse século inflado, de ser adoecido por essas tolices ainda de uma época distante. Que se nos permita olhar para trás, para o que aconteceu em dias mais belos. Talvez tenhamos agora há pouco alcançado um grau de formação em que nosso esforço mais elevado e mais digno devesse, desde então, levar a compreender os maiores mestres da arte dos antepassados, e a fecundar nossa pobre vida com a riqueza e a plenitude de suas apresentações cheias de poesia. Pois somos completados por uma estreita relação com a natureza, pelos conceitos definidos do verdadeiro prazer da vida, por nossas formas estatais de toda atividade em larga escala. Com tudo que tão firmemente nos cerca, resta-nos apenas dirigir o olhar para o céu ou nos voltarmos para nós mesmos em reflexão. Não são quase todos os tipos da poesia moderna determinados através dessa nossa posição? Sejam as formas lineares, que, incorpóreas, fluem para o alto no espaço infinito, sejam os pálidos, espíritos da Terra, com medo da luz, que conjuramos introspectivamente de dentro das profundezas de nosso ser; mas em nenhum lugar formas fortes, substanciais. Ao Altíssimo podemos louvar, mas nos falta completamente a calma expansão. Gostaria de gritar como o Júlio Cesar de Shakespeare: "Traga-me gente gorda e que durma bem; tenho medo desse famélico Cassius".[25] – Como eu mesma não ultrapasso, então, as fronteiras do meu tempo, não te parece melhor para mim abandonar o caminho

25. Paráfrase dos versos 201 a 205 da segunda cena do primeiro ato de *Julius Caesar*, de Shakespeare: "Let me have men about me that are fat;/ Sleek-headed men and such as sleep o' nights./ Yond Cassius has a lean and hungry look;/ He thinks too much: such men are dangerous" [Deixa-me ter à minha volta homens que sejam gordos;/

da produção poética em si, e começar um estudo sério dos poetas do passado, e, especialmente, da Idade Média? Bem sei que me custará esforço; terei que arrancar um ramo de minha própria natureza, pois me vejo mais contente em um produto do meu espírito, e produzi, através deste, apenas verdadeira consciência; mas, para conquistar algo de modo muito mais seguro, tem-se sempre de entregar a outro, esse é um destino universal, e ele não deve me assustar. Mas uma coisa sempre me perturbou o ânimo mais íntimo, e é isto, que para além de todo pico se esconde um penhasco; esse pensamento me faz a alegria desbotar em sua juventude mais fresca, e imiscui em minha vida uma inominável melancolia; por isso me alegro mais com todo começo do que com o término, e nada me comove tão profundamente como o crepúsculo; queria eu mergulhar com ele toda tarde na mesma noite, para não sobreviver ao seu desaparecimento. Felizes! daqueles a quem é concedido morrer no auge da alegria, que podem se erguer da mesa da vida antes que a vela se apague e que o vinho caia em míseras gotas. Eusebio!, se um dia tivesse de se interromper para mim a amigável luz de tua vida, ó!, então eu me arrastaria voluntariamente, como o divino Pólux o seu irmão moribundo,[26] e deixar-me-ia reunir contigo no Orco,[27] e contigo iria até os deuses imortais, pois não quero viver sem ti, que és o conteúdo preferido de meus pensamentos e sentimentos, em torno do qual todas as formas e flores do meu ser se envolvem, como a artéria labiríntica ao redor do coração, que ela preenche inteiro e ilumina.

homens de cabeça brilhante e aqueles que dormem toda a noite./ Aquele Cassius tem uma aparência magra e faminta;/ Ele pensa demais: homens assim são perigosos].

26. Referência aos irmãos gêmeos Castor e Pólux, que, na mitologia romana e grega, apesar de nascidos da mesma mãe, Leda, teriam sido concebidos por pais diferentes, o primeiro, pelo esposo dessa última, o segundo, por Zeus. Desse modo, Castor é mortal, e Pólux, imortal. Em uma luta com outros dois irmãos gêmeos, Linceu e Idas, Castor acaba ferido, e seu irmão suplica a Zeus que o salve. Zeus concede que os irmãos alternem na imortalidade e na mortalidade, de modo que eles vivem e renascem, um no dia e outro na noite, por toda a eternidade.

27. Deus da mitologia romana que reinava nos subterrâneos – por extensão, nome dado ao mundo em que imperava.

Dorothea von Schlegel

(1764-1839)

[Dorothea von Schlegel] A família judia onde nasceu Brendel Mendelssohn em 24 de outubro de 1764 fazia parte do círculo dos intelectuais do Esclarecimento alemão, especialmente através da figura de seu pai, o filósofo Moses Mendelssohn. Casada com o banqueiro Simon Veit desde 1783, foi apenas através de seu contato com Friedrich Schlegel que sua disposição para a escrita parece ter se desenvolvido mais sistematicamente. Brendel tornou-se amante de Schlegel e divorciou-se em 1799, convertendo-se ao protestantismo e adotando o nome Dorothea. Colaborou com várias resenhas para o jornal *Athenäum*, bem como em muitos estudos, traduções e revisões que apareceram sob o nome de Schlegel. Em 1801, publica, anonimamente, o romance *Florentin*, como uma espécie de resposta ao romance schlegeliano *Lucinde*. O livro, no entanto, não é bem recebido, e uma planejada continuação é abandonada. A postura de Dorothea, um dos membros mais velhos do grupo dos românticos de Jena, sempre tendeu a uma ética mais conservadora e a uma visão estética que experimentava nas ousadias formais românticas uma certa insatisfação, o que a tornou uma figura polêmica dentro do grupo. Após o fracasso de Friedrich em suas pretensões a uma carreira universitária em Jena, Dorothea o acompanha em um autoexílio de dois anos em Paris, entre 1802 e 1804: seus cadernos pessoais desse período contêm várias elaborações filosóficas sobre a situação cultural da Europa daquele momento e apresentam um testemunho importante da dissolução do primeiro romantismo. Em 1808, ela converte-se mais uma vez, agora ao catolicismo, junto a Friedrich, com quem se casa. Sua tradução da obra *De l'Allemagne* [*Da Alemanha*], de Madame de Staël, é publicada um pouco antes, em 1807, mas não vem acompanhada de independência financeira, que só será relativamente alcançada com a migração para a Áustria, onde Friedrich ocupará um posto importante na corte católica conservadora de Metternich. A vida conjugal acabaria por se tornar distante, e, até a morte do marido, em 1829, Dorothea esteve frequentemente afastada dele, em geral, em outra cidade. Nunca deixou, contudo, de fornecer-lhe material de estudo, que Friedrich publicava sem o devido crédito. Faleceu em 3 de agosto de 1739, e seu espólio foi publicado postumamente por seu filho Philipp Veit. Uma edição crítica das obras de Dorothea von Schlegel ainda não está estabelecida, nem mesmo planejada.

1.

[Fragmentos do diário I][1]

(1802-1804)

1.[2] Deuses [e] heróis têm de ser moldados em mármore, mas nenhum *ser humano*, e nenhuma ação; talvez, também, nenhuma trama; certamente, nenhuma *paixão*. O Laocoonte[3] é útil para o artista, para o estudioso da Antiguidade, como uma vestimenta, um busto; mas estátuas existiram para serem adoradas; ao menos, deveriam existir apenas para isso. O Laocoonte está no limite da pintura, ele é mais sentimental, mais romântico, que ingênuo e antigo. Esse é mesmo o motivo pelo qual o Apolo[4] também me é preferível ao Antinoo,[5]

1. *Aus Dorothea's Tagebuch*. In: *Briefwechsel* I, p. 121-131. Os fragmentos deste período foram escritos em Paris, onde Dorothea e Friedrich Schlegel moraram justamente entre 1802 e 1804. As observações sobre a cultura e a sociedade parisienses, bem como os muitos trechos escritos em francês, constituem um conjunto único nos diários de Dorothea.

2. Retomo aqui a numeração dos fragmentos proposta pelo editor alemão.

3. Personagem retratado no grupo de estátuas intitulado *Laocoonte e seus filhos*, produzido entre os séculos II a.C. e I d.C. e redescoberto em 1506. O grupo em mármore representa Laocoonte, sacerdote de Apolo – que teria traído o deus, tentando revelar aos troianos a armadilha do cavalo de madeira na Guerra de Troia –, sofrendo em posição de extrema aflição diante dos filhos, que estavam sendo devorados por serpentes enviadas pelos deuses, como vingança. O *Laocoonte* tornou-se muito conhecido através dos estudos de Johann Joachim Winckelmann, que faz dele uma análise em sua obra *Geschichte der Kunst des Alterthums* [*História da arte na Antiguidade*], publicada em 1763, e através do livro de Gotthold Ephraim Lessing, *Laokoon oder über die Grenzen der Mahlerey und Poesie* [*Laocoonte ou sobre as fronteiras da pintura e da poesia*], de 1766. As duas obras integram o repertório quase canônico das fontes dos românticos alemães.

4. Referência a *Apolo de Belvedere*, estátua de mármore, provavelmente uma cópia romana de uma estátua grega, redescoberta em 1489, que retrata Apolo ao derrotar com uma flecha a serpente Piton, que ameaçava a cidade de Delfos. A flecha, bem como parte de seus braços, perdeu-se.

5. Antinoo, amante do imperador Adriano, é o personagem retratado por várias esculturas em mármore redescobertas entre os sécs. XVI e XIX, muitas delas tratadas por Winckelmann.

apesar de este ser, aos olhos dos artistas, propriamente mais belo; mas aquele é um deus, e este, um belo homem, uma peça de gabinete, tanto quanto a pequena Vênus, que permanece de joelhos, se secando;[6] bela, mas mundana.

2. A sagrada família, de Luini:[7] a máxima semelhança com a poesia de Goethe, com sua "Torquato Tasso",[8] mesmo com sua "Ifigênia".[9] Luminosa, elevada, profunda, clara, sagaz, significativa, sensível; não se pode ser mais adorável.

3. A Cristandade [Das Christenthum] pertence à pintura como a mitologia à escultura. E a história? E a mitologia, oriental, hindu, quem sabe a poesia? Pois certamente a música pertence à Cristandade.

4. A pintura pertence à fantasia; a escultura pertence aos sentidos.

5. Alguns pretendem que, para que tenha início o conhecimento de todas as coisas, deve-se conhecer bem a si mesmo; penso, contudo, que seria melhor acabar com isso, pois é, certamente, o que há de mais difícil; não há nenhum grau mínimo de conhecimento, caso se queira aprender sobre si mesmo; do contrário, surge um erro, que é a falsa opinião de si mesmo ou a *presunção*.

6. Pertence à *vida* que se conheça o mundo e tudo fora de si, e à *morte*, que se conheça a si mesmo, que se seja *educado*.

6. Há algumas estatuetas que retratam Vênus se secando; em geral, de pequenas dimensões. Uma das mais conhecidas é a versão em bronze de Giambologna (ou Jean de Bologne), escultor flamengo do século XVI, radicado na Itália.

7. Referência ao quadro *Sagrada Família*, que o italiano Bernardino Luini pintou no século XVI, e que retrata Maria, José e, como meninos, Jesus e São João Batista.

8. Peça de Goethe publicada em 1790.

9. *Phigenie auf Tauris*, peça de Goethe a partir da tragédia de Eurípides de mesmo nome, encenada pela primeira vez em 1779.

7. Eles pretendem voltar a si mesmos: a maioria nunca saiu de si mesma! Permanecem, assim, parados.

8. Friedrich[10] não está, ao contrário de muitos outros, exposto ao perigo de que seu espírito resseque com a *falta* de alimento; mas com o *transbordamento*, perigo de meter-se em si mesmo e se sufocar. Ele pode viver três gerações até que, no trigésimo ano, se dê conta de toda a riqueza acumulada.

9. Formar-se [Sich bilden] é o esforço da vida, mas só se pode ser formado [gebildet sein] quando se morre. Que educação [Ausbildung] completa pode a vida querer? Que educação não perturba a vida?

10. *Estrabismo* não é nada físico, mas um verdadeiro defeito de caráter; e é produzido na infância por causa do mau hábito, de modo que, *na sequência*, se torna um erro de caráter. Por que não deveria um estrabismo do corpo se deixar imprimir tão bem no espírito quanto o contrário[?]

11. Se Friedrich chegará mesmo a *expressar* todo o seu íntimo e a *palavra* de suas ideias? Pois esse seria o ponto mais alto de sua formação [Bildung]; e se ele simplesmente *se forma* [*bildet sich*], enquanto vive, ele poderia, então, em seguida, morrer. Os poetas que fizeram isso também morrem, seja efetivamente ou, então, ao se repetirem, e são, assim, tão espiritualmente bons quanto mortos. – Friedrich não resolveu [com] sua poesia nenhum enigma em nosso peito; ao contrário, ele nos propõe aquilo em cuja solução o espírito pode incessantemente se exercitar. Sua poesia tem mais dos raios de sol ativos e quentes do que dos luminosos.

10. Friedrich Schlegel, com quem Dorothea Veit se relacionava desde 1798 e com quem se casaria em 1808.

12. Toda privação voluntária me parece como que o testemunho da força interior e, ao mesmo tempo, como que o autoultrapassamento da fruição elevada. Mas que eu tenha de suportar o triunfo e a compaixão dos inimigos, que eu tenha ainda de ter obrigações diárias para com esses meus inimigos – considero uma característica vulgar da minha natureza que minha indignação acerca disso não seja capaz de me matar.

13. E quero, então, reprimir essa indignação e me tornar senhor[11] dela; quero humildemente me entregar aos inimigos, pois o destino não quer que eu vença. Não morreu o grande herói[12] ridicularizado por seus inimigos?

14. Para Lessing, nada era tão ruim que não merecesse sua crítica.

15. Lessing acusava a mistura do cômico com o sério em Cervantes. Isso são propriamente princípios franceses.

16. Há, indiscutivelmente, no "Laocoonte" de Lessing muita esgrima com espelhos e palavras. Assim, algumas vezes, ele confunde *descrição* com *imitação* e se aflige em demonstrar diferentes tipos de imitação. Na mesma medida, ele se aflige em demonstrar que ao poeta é permitido apresentar Vênus enraivecida, irada, mas às artes plásticas não. Certamente, não; o *amor enfurecido* é uma ideia, uma abstração; através de signos arbitrários do discurso se torna clara para si mesma, se coloca diante dos olhos. Mas a arte plástica precisa da apresentação da pessoa, não da ideia. Se a Vênus nos aparecesse efetivamente como nós gostamos de conhecê-la na abstração do poeta, como poder enraivecido, não a reconheceríamos como Vênus; por que dever-se-ia reconhecer, então, a cópia de sua aparição corpórea? – Também não é certo, como pensa Lessing, que a invenção seja mais

11. No original, *Herr*, no masculino, embora fosse de se esperar que Dorothea usasse a palavra, relativamente rara à altura, flexionada no feminino, *Herrin*.
12. Ou seja, Cristo.

fácil para o pintor ou para o desenhista que para o poeta. O escultor não inventou a *história* do Laocoonte; ninguém a inventou, mas, antes, ele inventou a verdade na posição, no gesto e no agrupamento, que tem infinitamente mais dificuldades, pois a menor imperfeição nos perturbaria, enquanto nós podemos arbitrariamente nos representar toda a cena na narrativa.

17. Nisso a vaidade é muito má, pois nem o orgulho, nem a humildade podem ter lugar nela.

18. Muitas coisas, coisas demais, são faladas no mundo.

19. Quanto maior a influência que uma mulher tem sobre o juízo de seu marido, mais cautelosa ela deve ser em determiná-lo, mais conscienciosa ela tem de ser; pois, então, ela há de prestar contas duplamente.

20. Faz necessariamente parte de um casamento verdadeiro, genuíno, que a esposa se interesse pelos negócios do marido e, tanto quanto possível, tome parte neles. Não existe qualquer assunto ou qualquer posição em que ela não poderia, com decência, e mesmo com graça, fazê-lo. (Homens que ocupam um cargo onde isso não é possível não deveriam se casar). É o único modo de se assegurar, por um caminho duradouro e sólido, da dependência do homem e do domínio do lar. A esposa deve estar segura dessas coisas, mas nunca se basear nisso ou fazer disso uso para desvantagem ou para negligência e apequenamento do marido.

21. Que alguém seja educado [erzogen] ou eduque a si mesmo antes que queira educar os outros. Assim, inclusive, dever-se-ia também primeiro ser feliz, isto é, estar contente e em concordância consigo mesmo, antes de se tentar fazer algo para os outros. Quem não sabe ajudar a si mesmo, como deveria poder ajudar os outros?! Não seria de se espantar, portanto, que alguém os tornasse tão frequentemente,

como se diz, *ingratos*; se logo se tivesse feito tanto a eles; quando o que se fez foi apenas metade, apenas o mínimo, com o ânimo contrariado; torna-se, por isso, simplesmente ruim ajudar ao outro; somente agora ele é bem reconhecido na extensão de suas necessidades, pois ele se acostumou a olhá-las, antes, apenas em bloco e como que em uma distância inatingível; ele teve mais um sentimento [Gefühl] obscuro por elas que uma convicção determinada delas; por essas ele tem, então, mais um sentimento desagradável e pode, assim, quando é verdadeiro, não ser muito grato. Infelizmente, é verdade que, com a assim chamada *caridade*, só se queira fazer um bem à sua própria atormentada compaixão. *Cortesia* é mais do que caridade.

22. Resignação com o destino? – Luta contra o destino.

23. Contudo, ao final acontece que alguém se interesse mais por ideias que por seres humanos – e no grau mais moderado do amor-próprio, enfim, chega-se no máximo à sua própria ideia. – Ó, somente o amor nos salva dessa poça de frio egoísmo, dessa obstinada vaidade.

24. Os assim chamados iluministas consideram a descrença, ao mesmo tempo, como condição da natureza e como ponto da mais elevada formação; como se não residisse já aí a maior contradição! *Crença* é condição da infância ou da natureza; *compreensão* ou *convicção*, da mais elevada formação; entre ambas está a *dúvida*; não pode haver descrença positiva: *descrença* não é nada, é vazio.

25. De fato, não existe nenhum homem tão esperto que não se deixe levar pela adulação, mesmo que ela venha de uma mulher velha!

26. Deve-se tratar todos os seres humanos um pouquinho melhor do que eles merecem; assim se os desarma do modo mais fácil.

27. Em 1º de março de 1803, Philipp[13] me prometeu solenemente manter, de agora em diante, todas as coisas na mais perfeita ordem. – No dia 2 de março de 1803, Philipp estava com um temperamento insuportável e afetadamente obstinado; tive de lhe dar um sermão.

28. Os famosos *Pensées de Pascal* [*Pensamentos de Pascal*] pareceram-me completa e inacreditavelmente áridos e entediantes. Realmente, não há nada mais entediante que um francês que está satisfeito e contente consigo mesmo.

29. Era domingo, um belo clima primaveril, e, em Paris, as multidões se esbarravam entre si no passeio público: em belos trajes dominicais, os cidadãos, os elegantes [die Eleganten] em uma negligência mais luminosa. Uma carruagem deslizou apressada rua acima, cruzando o passeio público; voando rápido sobre tudo. Um velho mendigo, quase cego, não prestava atenção; uma mulher, no momento em que o olhou, largou o braço de seu condutor, agarrou o mendigo sujo, estranhamente rasgado, velho, repugnante, e o conduziu, ou melhor, o arrastou a seis, oito passos longe do coche. O velho foi salvo antes mesmo que soubesse do perigo. *Allez, mon bon homme,*[14] disse a mulher. A completa despretensão dessas palavras, sua voz um tanto rouca me tocaram quase mais que a ação. Essas [palavras] vindas de uma parisiense refinada, elegante, talvez bela ou reconhecida como bela, não tinham nada ou quase nada do significado que teriam naquela mulher simplória, que segue sua emoção sem reflexão. De resto, não era feia essa mulher, também não era velha, mas sem nenhuma queda pelo oposto; não estava vestida *elegantemente*, mas com bom gosto, requintada, quase rica e com uma certa desenvoltura de classe, da qual os elegantes dizem, com desdém: *qui mettent une chemise blanche*

13. Philipp Veit (1793-1877), filho de Dorothea Veit com seu primeiro marido, o banqueiro Simon Veit. Philipp recebera ao nascer o nome Feibisch, e mais tarde tornou-se um pintor e professor de pintura até sua morte.

14. Em francês, no original: *Vá, meu bom homem.*

deux fois par semaine.[15] Essa é exatamente a melhor classe em Paris. Em suma, em Paris não se espera de ninguém nada menos do que das pessoas que despertam atenção ou que são famosas, seja pela riqueza, beleza, entendimento, erudição ou mesmo pela bondade. Em regra, no mínimo elas se guiam por tudo aquilo pelo que são conhecidas.

30. A *liberdade* do povo francês consiste mais naquilo sobre o que se fala e de que todos se ocupam do que naquilo que podem *fazer*, o que lhes agrada.

31. No que diz respeito aos costumes, tudo é permitido, com exceção do que denominam *mauvaise tournure.*[16] Para um olhar alemão, frequentemente não é visível onde está a diferença entre uma boa e uma má *tournure.*

32. *Liberté?* – Não, ao invés disso, *Libertinage.*[17]

33. As mulheres aqui levaram tão longe suas pretensões e as leis acerca disso que é uma pretensão e uma laboriosa posição não ter *nenhuma. Une femme à prétension*[18] tem muito a que responder, mas, para isso, ela também pode oferecer leis; *une femme sans prétension*[19] tem, terrivelmente, de observar muito antes que se acredite nela.

34. Não é visível em público mais nenhum rubor; *une paleur interessante*[20] está na moda. Eles não têm realmente ideia de que, através da moda, a palidez cessa naturalmente de ser interessante.

15. Em francês, no original: *que vestem uma camisa branca duas vezes por semana.*
16. Em francês, no original: literalmente, uma *virada ruim*, no sentido de algo que segue na direção errada.
17. Em francês, no original: *liberdade* e *libertinagem.*
18. Em francês, no original: *uma mulher com pretensão.*
19. Em francês, no original: *uma mulher sem pretensão.*
20. Em francês, no original: *uma palidez interessante.*

35.
A. *Monsieur R. est bien hereux d'avoir une femme, qui fait tant parler d'elle.*
B. *Mais vous ne savez pas, qu'on prepare une chute terrible à Madame R. à son retour de Londres.*
A. *Comment? –*
B. *Oh, c'est que Madame Buonaparte, Madame Louis et ma femme ont résolu, de ne plus porter de queues à leurs robes, et on sait que Madame R. a le pied excessivement grand, elle n'oserait jamais le montrer.*[21]

Eram dois homens sérios, de nenhum modo jovens, que ouvi manterem essa conversa no passeio. B. era um oficial.

36. *Cette foule qui me porsuit, et m'impatiente avec son amour* – disse Madame R. para Madame S.; *chère amie, dites-moi, que dois-je faire pour en être quitte? – Eh, ma chère*, disse Madame S., *vous n'avez qu'à parler!*[22]

37. *Est-ce que je n'ai pas plus d'esprit que Buonaparte?*, perguntou Madame S. a Talleyrand[23] – *Non, madame*, disse este, *mais vous avez infiniment plus de courage.*[24]

21. Em francês, no original (transcreve-se sempre aqui o texto tal como encontra-se no diário de Dorothea Schlegel, inclusive com o uso equivocado de vírgulas, que projeta no francês a sintaxe do alemão): *A. O Senhor R. está muito feliz de ter uma mulher que faz tanto para que se fale dela. B. Mas não sabeis que preparam um golpe terrível para Madame R. em seu retorno de Londres. A. Como? – B. Ah, é que Madame Buonaparte, Madame Louis e minha mulher resolveram não usar mais cauda em seus vestidos, e sabe-se que Madame R. tem os pés excessivamente grandes, ela não os ousaria mostrar.*

22. Em francês, no original: *R. Essa turba que me persegue e me impacienta com seu amor; cara amiga, dir-me-eis o que devo fazer para me livrar dela? S. Ah, minha cara, não tendes de fazer nada a não ser falar.*

23. Charles-Maurice de Talleyrand-Périgord (1754-1838), político francês, reconhecido por sua habilidade em se adaptar tanto ao governo monarquista quanto ao revolucionário e ao restaurador. Foi, mais tarde, ministro das relações exteriores de Napoleão.

24. Em francês, no original: *S. Não tenho mais espírito que Bonaparte? T. Não, madame, mas tendes infinitamente mais coragem.*

38. Em Paris, ouve-se com frequência de alguém uma dúzia de tolices, e ouve-se contar tolices e se exclamar uns com os outros: *mais il a infiniment d'esprit!*[25] – a ênfase sobre *infiniment*.

39. Em Paris, não se domina o tom [Ton] leve com que se representa de modo tão maravilhoso, mas, antes, mesmo a mais elevada trivialidade é *pedante* e submete a tolice a certas regras; o traje mais desnudado é rígido; é inacreditável quanto esforço custa aqui estar de *camisola*.

40. Eles têm aqui tão pouco sentido próprio e originalidade do gosto que olham a mais bela mulher de modo totalmente indiferente se ela não estiver um pouco na moda. Ouvi de alguém que achei bonito: *Madame M., oh, elle était vraiment belle, il n'y a pas encore quatre semaines! – Mais comment? elle n'a pas changé depuis, je pense. – Non, c'est qu'on ne parle plus d'elle – l'embonpoint est de costume dans ce moment!*[26]

41. Por ocasião da exposição de pinturas em Paris, disse alguém da sociedade: a captura de Troia deve ter sido muito importante e interessante, pois os poetas e pintores sempre tiram daí seus *sujets*.[27]

42. Não se acredita até que se veja por si mesmo que os *parvenus* de Paris são ainda mais abjetos que os *ci-devant*.[28]

25. Em francês, no original: *mas tem infinitamente espírito.*

26. Em francês, no original: *Madame M., ah, ela era verdadeiramente bela, não faz nem quatro semanas! – Mas como? Ela não mudou desde então, acho. – Não, é que não se fala mais dela – o sobrepeso é o traje desse momento!*

27. Em francês, no original: *temas.*

28. *Parvenus* era o nome dado aos burgueses que enriqueceram com a queda da monarquia na França. *Ci-devant* era o nome dado aos integrantes da nobreza destituída, financeiramente falidos, mas presos aos seus costumes e comportamento social.

43. Alguém me perguntou, quando se falou dos jornais críticos de Paris: *Ne trouvez-vous pas la critique des Français sévère? – Sévère? non, Monsieur, mais cruelle!*[29]

44. Dia 6 de abril [de 1804], em Paris, batizada e casada na capela sueca. No domingo da Trindade, 27 de maio, em Paris, primeira Eucaristia.[30]

45. "Pois éreis como as ovelhas errantes; mas retornastes ao pastor e cuidador de vossas almas" 1ª Epístola de Pedro, cap. 2, v. 25.
"E essas tenho de pastorear, e elas ouvirão minha voz e se tornarão *um* rebanho e *um* pastor". Ev[angelho] de Jo[ão], cap. 10, v. 16.

46. Carnot[31] se manifestou *sozinho* no senado contra a indicação do cônsul para imperador. Ouvi seu discurso, foi bom e audaz, mas, entretanto, não digno de sua coragem. Segundo meus sentimentos, é mais corajoso elevar sua voz sozinho, e sem auxílio, do que entrar em uma disputa. Carnot foi, aos meus olhos, grande demais, inalcançável.

29. Em francês, no original: *Não achais a crítica dos franceses severa? – Severa? Não, Senhor, mas cruel!*

30. Trata-se do casamento em contexto protestante. Dorothea, judia, converte-se nessa ocasião ao protestantismo e adota o nome de Dorothea Frederike. Cerca de quatro anos mais tarde, ocorrerá a segunda conversão, então, para o catolicismo, e o casal Dorothea e Friedrich Schlegel oficializam sua união sob a confissão católica (Cf. Lemos, 2018; De Mazza, 2008).

31. Lazare Carnot (1753-1823), matemático e político francês, inicialmente apoiador de Robespierre durante a Revolução Francesa, mas, posteriormente, parte do governo de Napoleão. Foi, contudo, opositor constante de muitas das posições do imperador, a começar pela sua autoproclamação vitalícia.

47. Estou bem convencida de que a famosa Transfiguração de Rafael[32] é, antes de tudo e propriamente, de Giulio Romano.[33] A mulher no primeiro plano tem realmente uma determinada semelhança com a mulher na Circuncisão desse mestre; assim como, em geral, todo seu movimento, seu traje e a expressão na cabeça do apóstolo estão totalmente em seu estilo. Não vi nada de tão exagerado, de tão não cristão em Rafael quanto essa expressão e toda essa pintura em geral. O espírito de Rafael não fala desse modo, não o seu amor, não sua doçura. – Mas bem me guardarei de dizer isso.

48. Quanto mais olho para o Apolo de Belvedere, menos posso me contentar com a ideia dos antiquários, de apresentar sua ação de destruição da serpente.[34] Há muito mais na figura como um todo e em toda a expressão divina da ira, do poder – sem extenuação da força – do que pertenceria àquele objetivo final. Não deveria ele pertencer ao grupo de Níobe[35] ou, além disso, a Diana[36] [não deveria pertencer] evidentemente ao Apolo?

32. A *Transfiguração* é um dos quadros mais importantes de Rafael, pintado por volta de 1517. O caráter violento da representação da cena da transfiguração de Cristo é considerado uma exceção em relação ao estilo do pintor, normalmente mais sóbrio. Friedrich Schlegel discute a pintura de Rafael em inúmeras ocasiões, mas remete especificamente à exposição em Paris, mencionada por Dorothea, em seu texto "Gemäldebeschreibungen aus Paris und aus Niederlanden" [Descrições de pinturas de Paris e dos Países Baixos], publicado no jornal *Europa*, por ele criado em 1803, onde também desenvolve algumas teses estéticas sobre o estilo rafaelita – especialmente quanto ao uso da cor (cf. *KFSA* IV, p. 48-60).

33. Giulio Romano (1499-1546), pintor discípulo de Rafael. Sua obra *A circuncisão* é, provavelmente, anterior à *Transfiguração* de Rafael.

34. A parte da estátua que retrata a serpente derrotada por Apolo foi perdida – o que os antiquários compensavam acrescentando gravuras ao lado das cópias dessa estátua, ressaltando o detalhe mencionado por Dorothea.

35. Conjunto de estátuas, parcialmente destruído, representando o mito grego de Níobe.

36. Referência à estátua *Diana de Vesailles*, exposta, desde a época da estadia de Dorothea Schlegel em Paris, no Louvre. Considera-se grande sua semelhança com o estilo do *Apolo de Belvedere*, e levantou-se mesmo a hipótese de que ambas pertenciam ao grupo de Níobe.

2.

[Fragmentos do diário II][37]

(1804-1808)

1. Fazer o bem ao invés do que é correto para dar ao mundo um bom exemplo pode justamente ser útil e é recomendável como máxima, mas em si não tem mais valor que exercitar o talento para fornecer à sociedade uma conversa agradável.

2. "Muitos foram chamados, poucos, contudo, escolhidos"[38] – essa palavra do Cristo vale muito especialmente para o casamento.

3. Em nenhum lugar Goethe me é mais querido que em suas pequenas poesias satíricas e nos "Poemas diversos".[39] Como existe nesses um chiste [Witz] e um vívido gracejo e uma sátira propriamente filosófica muito diferentes daqueles que mais tarde existiriam no "Augúrios de Bakis"![40] Mas por que ele abandonou essa germanidade, que, contudo, tão bem lhe caía? – O trágico, de fato, não é propriamente o tema de Goethe, tão pouco quanto o romântico.[41] – Tieck unifica isso e,

37. *Aus Dorothea's Tagebuch*. In: *Briefwechsel* I, p. 253-263. Os fragmentos deste período foram escritos em Colônia, onde, em 1808, o casal Schlegel definitivamente se converteria ao catolicismo e se casaria uma segunda vez, agora na nova confissão. Eles atestam a elaboração intelectual dessa conversão.

38. Mt. 22:14.

39. *Vermischte Gedichte* é o título de uma coletânea de pequenos poemas dramático-satíricos, acompanhados de outras poesias escritas nas décadas de 1770 e 1780, publicada por Goethe em 1789. Seu autor considerava a obra a *Summa Summarum* de seu trabalho lírico.

40. *Weissagungen des Bakis* é o nome de um poema de Goethe, escrito entre 1798 e 1800 e publicado nesse último ano.

41. É conhecida a seguinte afirmação de Goethe: "O Clássico é o saudável, o Romântico, o doentio" [Klassisch ist das Gesunde, romantisch das Kranke] (cf. *HA* 18, p. 627).

também, o chiste cômico. O último não é em nenhum lugar de sua obra tão puro quanto na cena cômica em "Octaviano";[42] de fato, além disso, ele aqui, e em nenhum outro lugar, está tão alegre, e a sátira é tão universal quanto naquele tema de Goethe.

4. Há seres humanos que desprezam ou consideram como de nenhuma importância aquilo que não sabem, mas aquilo que efetivamente sabem, como indescritivelmente grande e importante; então, há ainda aqueles que seguem exatamente a outra direção: quanto mais refletem sobre o que não sabem, cada vez mais parece-lhes menor o que sabem.

5. Friedrich falou de uma ideia ordinária, que foi cuidadosamente registrada e que, após a morte do autor, foi publicada, que seria como se alguém fizesse cobrir com ouro uma moedinha de cobre.

6. A crítica de Friedrich tem muito da arquitetura: ordem, fundamentos, precisão, acabamento.

7. Envergonha-me mais o louvor que me enraivece a reprovação; se devo confessar sinceramente, nenhum dos dois é, para mim, propriamente importante; mas pode me chatear bastante se as pessoas me considerarem infeliz; contudo, é esse, sobretudo, o caso, desde que me tornei mulher de Friedrich.

8. Sozinha em meu gabinete, sou mais devota que na igreja. Não posso nunca propriamente rezar direito na igreja; tudo me distrai muito; particularmente, presto muita atenção em mim mesma na presença das outras pessoas e, durante a prece, deve-se esquecer completamente de sua própria personalidade. Mas, na igreja, sou tocada especialmente pelo canto, como em uma peça; muitas vezes, também, já tive bons

42. *Kaiser Octavianus* [*Imperador Octavianus*], comédia de Ludwig Tieck publicada em 1804.

pensamentos durante o serviço religioso, e realmente sempre aprendo algo com ele, mas não consigo realmente rezar tão bem.

9. É muito esperto da parte das mulheres quando ocultam a influência que têm sobre seus maridos não somente deles, mas, também, de todos os outros seres humanos; é ainda mais esperto quando elas parecem não saber elas mesmas nada disso; mas é verdadeiramente nobre e de acordo com a piedade divina quando elas realmente não sabem nada disso.

10. Se Lutero tivesse de ressuscitar, em primeiro lugar, protestaria contra o protestantismo atual.

11. Novalis disse a Friedrich sobre o "Florentin"[43] que ali havia muita formação, mas nenhum plano. Muito adequado.

12. Pedro foi o primeiro que chamou Jesus de "Cristo".

13. Bonaparte deixa-se comparar melhor com Sansão, que, com a mandíbula de um jumento morto, golpeou os filisteus.[44]

14. "Quando se *envelhece*, ainda se está muito longe de ser antigo", escreveu D[orothea].[45]

15. Wilhelm,[46] em sua crítica mais chistosa [witziger], afinal, é frequentemente mais cruel que firme; em geral, seu chiste é mais afiado que refinado, e, em relação ao cômico, grotesco até a caricatura. Ao

43. Título do romance escrito por Dorothea Schlegel e publicado em 1801 anonimamente – embora o nome de Friedrich Schlegel constasse como seu editor na capa. Uma planejada segunda parte do romance nunca foi publicada.

44. Cf. Jz 15:15.

45. Possível anotação de Friedrich Schlegel no diário de Dorothea.

46. Nesta e nas passagens a seguir, o nome Wilhelm designa August Wilhelm Schlegel, irmão de Friedrich.

contrário, ao manifestar aprovação, precisa tanto, muitas vezes, de superlativos, que eles podem ser chamados facilmente de ironia e reprovação, especialmente nas coisas acessórias, onde, entretanto, essa não é sua intenção. Assim, ele diz a respeito do pintor de paisagens Reinhard, por exemplo, no ensaio sobre Roma:[47] "Seu forte é o traço das árvores, a que dá uma precisão, quase como se esse mesmo nunca tivesse havido na natureza".

16. A elegia "Roma"[48] é um verdadeiro obelisco da vaidade.

17. A história de Orfeu, que foi separado da mulher, é uma alegoria do destino de Wilhelm.

18. A "Athenäum"[49] foi a serpente através da qual foram levados a comer da maçã do conhecimento do bem e do mal.

19. Se *creio*? – Isso eu não ouso sustentar: mas sei que verdadeiramente creio na crença.

47. Referência ao artigo de A. W. Schlegel, "Schreiben an Goethe über einige Arbeiten in Rom lebender Künstler" [Escrito dedicado a Goethe sobre alguns trabalhos de artistas que vivem em Roma], publicado em 1805 no jornal *Intelligenzblatt der Jenaische allgemeine Literatur-Zeitung*. Como observa o editor da *Briefwechsel*, August Schlegel teria escrito exatamente: "como se elas mesmas [as apresentações das folhagens] quase não tivessem ocorrido na natureza".

48. *Rom*, longo poema de August Schlegel (cerca de 19 páginas), versificado precisamente sob a forma clássica da elegia romana, publicado em 1805. Alguns comentadores enxergam nesse poema uma tardia tentativa do romantismo dos irmãos Schlegel de responder ao classicismo de Goethe – deve-se lembrar que em 1795 Goethe havia publicada suas *Römischen Elegien*.

49. Revista publicada pelos irmãos Schlegel entre 1798-1800, considerada o principal órgão de divulgação das ideias dos românticos de Jena. Contou com a colaboração de vários autores desse grupo (Novalis, Hülsen, Sophie Bernhardi, entre outros) – e, de forma não assinalada ou sob o nome de seu marido, com a colaboração de Dorothea Schlegel.

20. Bertram[50] disse: os psicólogos educados teriam ido tão longe que veem todos os seres humanos no mais íntimo fundamento da alma e detectam seus mais secretos motivos impulsionantes [Triebfedern], sem vergonha e sem reverência. Regentes, poetas, clérigos, filósofos, tudo isso é visto com clareza, e nenhuma névoa os encobre mais. Com a exceção, contudo, desses próprios psicólogos; certamente, cada um desses carrega sua mais profunda intimidade com reverência misteriosa e de modo impenetrável.

21. O "Aprendiz de feiticeiro" de Goethe[51] acerta, contudo, na Cristandade; os dois carregadores de água[52] – protestantes e católicos.

22. O que distingue tanto o espírito de Friedrich é a profundidade em sua [oposição entre] universalidade - particularidades, em que parecem se contrapor uma à outra. Tieck é mais original, mas não tem nenhuma profundidade. Novalis é mesmo tão profundo quanto Friedrich, mas não tão universal. Wilhelm não tem nenhuma originalidade e nenhuma profundidade, ele é simplesmente universal.

23. Oferecer em sacrifício seus pensamentos, palavras e obras é um santo pensamento da missa católica. Todo pensar deve ser uma prece contínua; a prece exterior deve ser apenas uma exclamação não mais retida da eterna prece ou pensamento interior; como fazer uma poesia

50. Johann Baptist Bertram (1776-1841), advogado e historiador da arte. Em 1803, quando ainda era estudante de direito, viajou com os irmãos Sulpiz e Melchior Boisserée a Paris, onde, nesse pequeno grupo, assistiu às lições de Friedrich Schlegel sobre a história da literatura europeia (em *KFSA* XI, p. 1-185).

51. *Der Zauberlehring*, poema escrito em 1797 no contexto do que ficou conhecido, a partir de uma expressão de Schiller, como o *Balladenjahr*, o *ano das baladas*, de Goethe e Schiller, e marca um momento importante na consolidação e na autocompreensão do classicismo alemão.

52. No poema de Goethe, o jovem aprendiz de feiticeiro transforma sua escova em um esfregão que carrega ele mesmo, magicamente, a água com que deve limpar. O aprendiz, contudo, esquece a palavra mágica que desfaria o feitiço, e tenta parar o esfregão cortando-o ao meio com um machado, mas ele se multiplica a cada vez que é quebrado.

é simplesmente uma manifestação do poetizar interior, não o poetizar [das Dichten] mesmo. Mas assim como o poetizar não pode alcançar sua formação completa se não se faz nenhuma poesia, também não temos de nos contentar com a prece interior, mas efetivamente trazê-la à consciência clara através da palavra e da forma [Form].

24. Coragem genuína deve ser uma hidra: corta-se-lhe uma cabeça e, então, duas outras novas têm de crescer da ferida.

25. O que tanto foi falado da coragem e do entusiasmo prussianos não resultou em nada a não ser em ideias teatrais. Assim, por exemplo, a rainha aparentemente não tinha na cabeça nada a não ser a "Donzela de Orleans", de Schiller.[53] Os melhores (como, aliás, bem naturalmente) se deixaram ofuscar com essas farsas simiescas. Coragem, entusiasmo, amor à pátria – isso não cresce em uma noite, como um cogumelo, e não sobre solo arenoso, ingrato, artificialmente germinado, e ainda mais um de que não foram erradicadas as toupeiras. Incontáveis traições aqui trabalham subterraneamente; do lado prussiano, assinaram a capitulação de Magdeburg três homens com *nomes franceses*.[54]

26. Adágio para os príncipes alemães (Evang[elho] de Mateus, cap. 5): "Sois o sal da terra; se, então, o sal se torna insípido, com o que se deverá salgar? Desde então, ele não deve ser usado para nada a não ser para ser jogado fora e para que as pessoas pisem sobre ele".[55]

53. *Die Jungfrau von Orleans*, peça de Schiller publicada e encenada em 1801, cujo tema é a história de Joana d'Arc (certamente mitificada pelo poeta).

54. Todo o fragmento se refere ao contexto da guerra contra Napoleão, especialmente à batalha de Magdeburg, que resultou em uma vitória provisória dos aliados (Prússia, Suécia, Grã-Bretanha, Rússia e Saxônia) contra os franceses. Dorothea, contudo, chama a atenção para o fato de que os representantes prussianos que assinaram o armistício após a vitória tinham nomes – e, portanto, ascendência – franceses: foram eles o general Renouard, o coronel du Trossel e o capitão Leblanc.

55. Cf. Mt 5:13.

27. Nem o vendedor, nem o impressor de livros teriam de ter liberdade de imprensa, mas, sim, os autores; e, ainda assim, essa liberdade deveria estar vinculada a certos títulos: por exemplo, todos os que têm assento e voz em algum colegiado; todo pastor; o alto clero; todo professor público em geral; todo aquele que tem o título de doutor; todo general etc. Apenas esses poderiam se fazer imprimir (às vezes, anonimamente), ou então conceber aos outros autorização para publicar sob seus nomes. Mas sendo responsáveis por todo livro desse tipo que aparece sob seus nomes, então, eles são os únicos e naturais censores de si mesmos; apenas eles mesmos podem resenhar e avaliar, sem, contudo, nenhuma instituição; não pode haver nenhum tipo de departamento especificamente para isso.

28. O modo de Friedrich filosofar tem, surpreendentemente, muito de musical, especial semelhança com Sebastian Bach.

29. 1806, no dia de Todos os Santos,[56] na basílica de Colônia, durante a missa, o amor para com Deus e o amor de Deus para comigo se tornaram pela primeira vez bem claros e vívidos, bem como que posso amá-lo com o mesmo amor com que amo Friedrich e meus filhos. E, então, o amor de Friedrich é para mim, também, uma imagem, um testemunho, o reflexo do amor de Deus para comigo. No amor de Deus, a origem de todo amor. Compreendo agora o amor *em* Deus; amá-lo sobre todas as coisas e ao próximo em Seu nome. – Agora posso rezar melhor na igreja que em casa. A igreja se tornou agora, para mim, familiar.

56. Nas igrejas cristãs de alguns países ocidentais, incluindo a Alemanha, ele é celebrado no dia 1º de novembro de cada ano.

30. Os "Discursos sobre a religião" de S[chleiermacher] são muito mais compreensíveis se se os denomina "o Falar sobre a religião".[57]

31. A má educação tem, em particular, a terrível desvantagem de extinguir nos seres humanos o impulso inato para a formação. Somente pode ser chamada de uma educação verdadeiramente má aquela que faz isso.

32. Não tem Herder que falar muitas coisas não masculinas para não falar de coisas femininas?

33. No dia 8 de abril de 1807 administrei o santo batismo à filha de Bachoven,[58] que recebeu o nome de Dorothea Christina. Christian Huyben foi padrinho.

34.[59] Junho. Ó, minha pobre terra! – Quem sou eu ao pensar que tenho uma pátria natal? – Ó, pobre Alemanha, pobre mundo! – Sofres tanto, tão amargamente, e não sabes por quê? E procuras a causa aqui e ali e não a encontras, pois não a procuras em ti mesmo? Ó, quem contudo te abriu os olhos; onde está o herói, o profeta? ele poderia te ser mais útil que mil exércitos, que batalhas atrozes. Pois o presente

57. *Über die Religion. Reden an die Gebildeten unter ihren Verächtern* [*Sobre a religião. Discursos para os homens cultos entre seus detratores*], escrito teológico de Friedrich Schleiermacher, publicado em 1799 anonimamente. Somente em 1801 surgiu uma edição com o nome de seu autor, embora todos do círculo romântico soubessem de quem se tratava. O fragmento aqui traduzido faz um jogo de palavras difícil de verter para o português. Dorothea sugere, ironicamente, que se substitua *die Reden*, *os discursos*, *as falas*, no título original, por *das Reden*, *o falar*.

58. A família Bachoven von Echt foi uma eminente família tradicional da Áustria, que remonta ao século XII e segue até o XX.

59. Este fragmento e o seguinte estão relacionados aos eventos que resultaram na assim chamada Paz de Tílsit – e reverberam a derrota da aliança empreendida pouco antes, tal como comentada no fragmento nº 25. Em Tílsit, celebrou-se um acordo que, na prática, confirmava a superioridade do poder de Napoleão em detrimento da Prússia, que só se recuperaria politicamente após a derrota dos exércitos napoleônicos, em meados da década de 1810.

está para ti perdido, e podes apenas lutar pelo futuro; e quem deve te ensinar como deves fazê-lo? quem ensina tua desrazão, transformada novamente em cega infância? Não virá nenhum profeta que formará o herói por vir, o salvador por vir? Essa seria vossa correta, vossa gloriosa vocação, vós, poetas e sábios, e seríeis mais de dez mil que não sabem o que devem fazer, nem para quem, nem para quê? E, com isso, não chegam a nada. Ensinaram os profetas sobre o caso de Sião[60] e, durante sua própria queda, sobre *o assassinato*? Ou, ao invés disso, sobre a penitência? O tempo, como os seres humanos, isoladamente, deve expiar sua pesada culpa; ele carrega agora a penitência imposta. Quem se exime da penitência com teimosia ou orgulho peca mais do que aquele que peca com o crime que tornou necessária a penitência. O mundo deve mergulhar em si mesmo para procurar as penitências, procurar a culpa dos infelizes em si mesmo e arrancar as raízes – depois, ó, quem pode duvidar? Depois, e não antes, a luz voltará a vos iluminar e a vos fazer sentir novamente iluminados o caminho da salvação e a mão que abençoa em todos os vossos pedidos, em todas as vossas ações. De onde, pois, deve vir a salvação agora? Do príncipe fraco? Do Conselho infiel, que só pensa em seu próprio bem-estar momentâneo? Do mimado líder do exército, que não protege de nada? Da desunião, do desprezo e do desrespeito de todos contra todos e do medo trêmulo do conquistador? Ó, bondoso salvador, ilumina os corações, ilumina-os com teu espírito sagrado; dá-lhes a paz que o mundo não pode dar!

> Salvador do mundo, que, misericordiosamente, tu não queiras
> Nada destinar-lhe por sua mil vezes infligida culpa.

60. Sião, na narrativa bíblica, designa uma localidade próxima a Jerusalém – às vezes sendo utilizado como sinônimo desta última – e o lugar escolhido por Deus para sua morada. Em Sião, dois templos foram construídos e destruídos, o primeiro demolido durante a dominação babilônica no século VI a.C., e o segundo, com a dominação romana em 70 d.C., e marcam períodos importantes da história judaica e da narrativa bíblica como um todo. É a essa destruição que Dorothea se refere como "o caso de Sião".

Ó, a desgraça, a culpa de minha terra pesa mais sobre ela do que a pressão do opressor; a penitência e o castigo são o começo da misericórdia e da compaixão; somente o crime é opressivo! Essa desgraça não será apagada com um assassinato. E quão imprudente seria esse assassinato! Ele teria o mesmo sucesso e quase o mesmo mérito que Charlotte Corday[61] teve. Quem pode acreditar que tal infelicidade depende de *uma só pessoa;* e se isso fosse verdade, quem pode acreditar que uma só pessoa tem esse poder sem a intenção divina? É infidelidade plena de culpa pensar nisso, e vede vós todos que desejais esse homicídio, que nem mesmo estais de acordo acerca do que deve acontecer. Cada um de vós gostaria de uma coisa diferente, de impor simplesmente seus desejos, suas ideias, talvez até a si mesmos, sem acordo, sem pensar que aquilo que então tomaria lugar através de uma tal ação voluntária desgraçada teria mesmo necessariamente de ser tão inútil e tão nocivo; pois cada um não existe, o que existe é a necessária penitência ao mundo que não podeis arbitrariamente sacudir de vós, ó, cegos! Rezai, aprendei, ensinai, trabalhai o futuro nas mãos com fé, que ele se iluminará resplandecente; é somente a isso que está destinado agora o presente. Vós, homens de pouca fé, o que quereis fazer a ele com vossas mãos nuas! Não vedes, pois, que ele mesmo tem de segurar seu sepulcro, ir contra sua própria ruína? Ou pensais que os espíritos do inferno iriam gentilmente poupá-lo; pensais que o bosque de Dunsinane não aconteceria; que o ser humano, aquele que não nasceu de mulher, demoraria a golpeá-lo?[62]

61. Marie-Anne Charlotte Corday assassinou Jean-Paul Marat em 1793, o que deu ao período do Terror na Revolução Francesa um último fôlego, com consequências também para a participação das mulheres na política, já que muitos clubes e agremiações femininos foram fechados e suas líderes perseguidas a partir do exemplo de Corday.

62. Em *Macbeth*, de Shakespeare (cena III, ato V), é profetizado ao personagem-título que nenhum homem nascido de mulher poderia lhe fazer mal ("Fear not, Macbeth; no man that's born of woman shal e'er have power upon thee"). Seu antagonista, Macduff, contudo, não recai sob essa descrição, pois teria sido "arrancado ainda imaturo de sua mãe" ("from his Mother's womb untimely ripp'd", cena VIII, ato V), isso é, não teria nascido de forma natural para a época, mas retirado através de cirurgia. A previsão

35. Agora, "minha terra", "minha terra natal", essa ou aquela terra já não mais se aplicam! Todo lugar agora deve ser nossa terra natal, onde cristãos católicos habitam; deve-se lutar pela fé, por um direito, por um Deus e um rei.

36. A música de igreja moderna se relaciona à antiga como a exegese em relação ao mistério da missa: *esclarecendo o maravilhoso*.

37. A música deve acompanhar a missa, mas não a perturbar.

38. Os romances de Madame de Staël[63] possuem o erro de exclusivamente só adentrarem o assim chamado mundo aristocrático, motivo pelo qual eles se tornam particularmente frios e monótonos. A aristocracia indigna pode ser apresentada em contraposição às outras classes, mas não pode ser um sentimento subjetivo do poeta, que atravessa toda apresentação. A poesia romântica não despreza nenhuma classe e empresta a cada uma suas cores. Aqui, Cervantes é também mestre e modelo; no "Dom Quixote", todas as classes são apresentadas, e todas com dignidade e, ao mesmo tempo, com a mais refinada ironia. Em Shakespeare, há, de fato, a mesma riqueza, mas, contudo, bem idealizada e travestida em classes inferiores. No "Meister"[64] não há, em geral, nenhum ser humano e nenhuma classe, mas, antes, a sociedade, isso é, *má*, em todos os sentidos e caricaturas.

de Dorothea, portanto, se revelaria como uma maldição, se lida adequadamente. Dunsinane é o bosque onde fica o castelo em que Macbeth será, enfim, assassinado.

63. Anne Germaine de Staël, conhecida como Madame de Staël (1766-1817), escritora francesa. Famosa por seus salões literários, publicou em 1807 o romance em quatro volumes *Corinne*, traduzido por Dorothea Schlegel logo em seguida. Friedrich e Dorothea Schlegel estiveram hospedados por vários meses, entre 1806 e 1807, no castelo de Madame de Staël, em Aubergenville, na França, quando Friedrich ministrou-lhe lições sobre metafísica (cf. Breuer, 2017, p. 16).

64. Referência ao *Anos de aprendizagem de Wilhelm Meister* [*Wilhelm Meisters Lehrjahre*], publicado por Goethe entre 1795-1796, uma das obras mais lidas e comentadas pelos românticos.

39. Goethe deve ter dito que, no “Meister”, propriamente, a sociedade teatral teve de representar mais uma vez o mundo. Essa sua intenção é muito obscura e, no máximo, debilmente intuída em um ou outro lugar. Quando se quer apresentar o mundo como uma peça, então não se pode querer dividir a cena com outros.

40. Nunca ninguém aparece ao mundo mais artificialmente do que quando se é *sem intenção*, pois nunca se acredita nisso.

41. Acendi para alguém uma vela e me ocorreu: “O que é mesmo essa nova chama, onde ela fica, o que resta de sua força iluminadora e aquecedora quando a matéria que a alimenta é consumida?” – Essa imagem me afligiu com sua deplorável semelhança com a vida e estranhamente me perturbou. Após minha costumeira oração matinal, ainda me obriguei a rezar a oração de São Tomás de Aquino com concentração. Nas palavras “Dá-me persistência para que te busque, sabedoria, para que te encontre”, pensei: “Ó, Deus, ilumina-me para que eu não possa duvidar!”. Então, algo me disse bem no fundo do meu coração, enquanto continuava a rezar: “Não te deixes ser levada ao léu por aparências externas!” – Era meu anjo da guarda que, em mim, falava-me de modo totalmente claro. – Terminei feliz com o Pai Nosso, com a Saudação Angélica[65] e o Credo, e estava de novo fortalecida.

42. Falou-se da religião nos romances da Condessa de Genlis[66] e de Staël. – Honra demais para com eles. – Eles parecem, disse D., ter dividido a religião: Staël tem amor a Deus e Genlis tem medo do

65. *Englischer Gruss* é a saudação feita pelo anjo Gabriel a Maria na Anunciação: “Alegra-te, cheia de graça, o Senhor está contigo” (Lc 1:28).

66. Stéphanie Félicité, condessa de Genlis (1746-1830), escritora francesa conhecida por seus escritos de viés moralista-pedagógico. Em 1799, Dorothea Schlegel publicara, anonimamente, na revista *Athenäum*, uma resenha do livro de Genlis *Voeux téméraires ou l’enthousiasme* [*Os votos temerários ou o entusiasmo*], publicado em 1798.

diabo. – Em francês, o *bon mot*[67] soa mais belo: *l'amour de Dieu et la crainte du diable.*[68]

43. "E ele deve ser teu Senhor!" – Essas palavras do Criador não são uma lei moral, mas uma *lei natural* e, enquanto tal, aviso e esclarecimento vivos. Poderia haver mulheres infelizes por causa da dominação irracional dos homens, mas, sem essa dominação, elas estão para sempre perdidas, sem nenhuma exceção.

67. Em francês, no original: *chiste*.
68. Em francês, no original: *o amor de Deus e o medo do diabo*.

Rahel Varnhagen

(1771-1833)

[Rahel Varnhagen] Graças à sua biografia, escrita por Hannah Arendt e publicada em 1957, a vida e a obra de Rahel Levin talvez constituam, por serem relativamente mais conhecidas, uma rara exceção entre as autoras do romantismo alemão. Filha de um rico banqueiro berlinense, com quem sempre teve uma relação conturbada em função do autoritarismo paterno, Rahel nasceu em 19 de maio de 1771. Frequentou os salões literários da família, que representaram um ponto de encontro importante para os intelectuais da cidade. Foi ali que conheceu muitos dos membros do romantismo de Jena, quando em visita a Berlim, especialmente os irmãos Schlegel e Caroline de La Motte Fouqué. Sua amizade com Dorothea von Schlegel talvez encontre repercussão tanto em suas pretensões literárias quanto em sua tendência religiosa. Como esta última, converteu-se ao cristianismo, como condição para seu casamento em 1814 com o diplomata Karl August Varnhagen von Ense. Após um período em Karlsruhe, Rahel volta com seu marido para Berlim, onde instaura novamente um modesto, mas reconhecido salão literário. Assume gradualmente uma postura mais progressista, identificando em Heinrich Heine um representante de sua visão de mundo, enquanto se entusiasma com a leitura dos escritos socialistas do francês Saint-Simon. Suas mais de dez mil cartas e diários foram editados, e uma seleção foi publicada poucos meses após sua morte, que ocorrera em 7 de março de 1833.

1.

[Fragmentos privados][1]

(1801-1819)

[1][2] 1801

O ser humano enquanto ser humano é ele mesmo uma obra da arte [ein Werk der Kunst] e consiste propriamente no alternar, nele, entre consciência e não consciência. Por isso amo tanto Goethe! E me permiti dizer que o poeta, enquanto artista, deve, afinal, requisitar toda sua disposição,[3] como o escultor o seu mármore – e, em certa medida, o poeta também sempre *profana* a si mesmo: enquanto ele se sente afetado por si mesmo, ele não se torna poeta, e se torna um poeta *ruim* quando passa a se sentir afetado; isso muda no grande Goethe com tal precisão que leva lágrimas de admiração aos olhos: e não é a admiração a mais autêntica emoção? E as outras, apenas compaixão? Por que amais acima de tudo a formação harmônica de

1. Os fragmentos aqui traduzidos foram extraídos do livro *Rahel. Ein Buch des Andenkes für ihre Freunden* [*Rahel. Um livro de recordações para seus amigos*], editado postumamente por seu marido Karl August Varnhagen von Ense em três tomos, no ano de 1834, como uma compilação a partir das cartas, diários e cadernos de sua esposa. Como já havia afirmado Hannah Arendt em seu estudo sobre Rahel Varnhagen (cf. Arendt, 1981, p. 213), o material publicado por seu marido comporta inúmeras alterações e omissões, apenas corrigíveis através de uma análise detalhada dos manuscritos – o que ainda não foi feito pela edição das *Gesammelte Werke* [*Obras reunidas*] em 10 volumes, constituída de reimpressões em fac-símile das primeiras edições, incluindo o texto de Karl Varnhagen.

2. *Aus einem Tagebuch*. In: *Rahel* I, p. 226-228. A numeração dos fragmentos não consta na edição original utilizada, tendo sido acrescentada pelo tradutor.

3. No original: *Stimmung*, uma das palavras mais comuns e de mais difícil tradução no romantismo alemão. Deriva de *Stimme*, *voz*, e pode designar a afinação de um instrumento, uma atmosfera sonora própria de um ambiente, um tipo qualquer de acordo. Sua dimensão musical representa um dispositivo importante na estética não representacional (ou seja, preponderantemente não visual) entre os românticos.

nossas capacidades! E não as quereis permitir no sentimento? – Por que deve o poeta, afinal, ser mesmo apenas uma disposição? Em *uma* disposição não pode haver harmonia. Que esse ser humano tenha de ser, enfim, poeta é a única coisa obrigatória: o resto deve ocorrer livremente; nisso, o artista exercita a humanidade em geral, e nisso, somente essa alternância faz dele um poeta! E Goethe, em que comovente plenitude! Eis o meu *refrão* pela eternidade. É assim também com o *amor* que, nem de longe, é naturalmente como se lhe difamam; primeiro, sinto que *posso* amar, depois, *quero* amar, depois, *tenho de* amar. Isso que constitui uma grande paixão [Leidenschaft] – algo puramente humano – [é] *a própria* alternância. Quem a pode figurar é um poeta; quem a sente, um apaixonado; quem a esclarece e leva, onde for possível, sua parte compreensível até a consciência, um filósofo. Quão frequentemente são misturadas de modo repugnante em *um* ser humano e no ajuizamento de um ser humano essas três coisas.

Espantai-vos de que *eu* possa rezar a Deus? No entanto, às vezes a reflexão sobre nós mesmos vai tão longe que não temos mais nenhuma evidência de nossa existência e temos de nos sentir: isso não se chama venerar a si mesmo? Quando a necessidade é erguida ao máximo, então, sentimos Deus e, assim, rezamos! Também aqui trata-se da alternância; aqui, no fim das coisas, dolorosa e grandiosa para nós, mas sempre a mesma: temos de reconhecê-la, se também não a sentirmos a todo instante. Não existe *nenhum* ser humano que não se sinta às vezes *completo*; não existe nenhum ser humano que pense que não observe com atenção a alternância entre consciência e não consciência, o que Schiller denomina ruptura.[4] Por causa dessa

4. Embora o termo *Bruch* não seja empregado tão frequentemente por Schiller, ele traduz de modo adequado a noção de uma alternância contínua entre os estados de ânimo humano, dando lugar a um anseio constitutivo. Muito mais que Goethe, que explorou a ideia nas *Afinidades eletivas*, foi Schiller quem formulou uma das alternativas estético-antropológicas mais incisivas do classicismo alemão, a que considerava o homem não tanto a partir de sua totalidade, mas por sua aspiração, instável, sempre em movimento e projetada em direção à totalidade. Essa noção é desdobrada por Schiller em sua teoria do duplo impulso da natureza humana – um sensível, o outro, formal, agindo ambos no sujeito – apresentada, por exemplo, na décima primeira carta

ruptura, nosso trabalho, nossa *vida*, consciente ou inconsciente, segue para solucioná-la. Se aspiramos a sermos felizes por causa disso, não sabemos: pois essa é nossa fronteira, e ocorre apenas semiconscientemente, quando estamos infelizes; se estamos felizes sem consciência, é [algo] religioso; se estamos conscientemente, após a reflexão, eu chamaria isso de devoto.

[2] [De um caderno de anotações][5]
19 de dezembro de 1805

Às vezes leio esse caderno e, então, é como se eu tivesse morrido e um outro o lesse. – Por anos a fio alguém se aflige em produzir, finalmente, um pequeno, pequeno resultadozinho. Esse é o prêmio, eu diria! É, contudo, o esforço, o empenho, a diligência em não descansar até que achemos esse pequeno prêmio. Verdadeiramente fraco e preguiçoso é o nosso espírito, *realmente*! Infância: somos atraídos e estimulados com luz e brilho do sol. O que encontramos é uma coisa. Que encontramos é o ponto.

Enojo-me, além disso, ao máximo quando, como já me aconteceu, me escapa o que dizer ou anotar em palavras bem determinadas. Parece-me tão pouco; e quero escrever que chega mesmo a não ser nada, a ser frio demais, que se escreva ou mesmo que se pense. Por isso também não posso escrever absolutamente nada, apesar de ter esse passatempo de uma bela linguagem e uma boa expressão. Às vezes, gostaria de mudar o que os outros disseram: na medida em que me inquieto com isso, estrago meus honestos pensamentos.

Acontece-me também de, uma vez que eu tenha expressado uma disposição [eine Stimmung ausgedrückt], em prosa ou em versos, não poder mais falar dela com respeito: eu acabaria por lhe dar um

de *Über ästhetische Erziehung des Menschen* [*Sobre a educação estética do ser humano*] (1795) – cf. *SW* V, p. 601-603.

5. *Aus einem Schreibbuche* (título atribuído pelo editor alemão). In: *Rahel* I, p. 280-281.

tapa no doce rosto. E não é somente a preguiça e a ignorância que me mantêm tão inapta.

Mas os poetas recitam grandes construções, que servem de modelo para o mundo que inventam; e caminham juntos, inteiramente sem ser notados. Devem encontrar um descendente, choram, voltam-se para eles mesmos. Quase nenhum contemporâneo!

*

Seres humanos sem continência são ciumentos – não apenas porque demonstram ciúme, pois lhes falta a arte de escondê-lo. – Não se é ciumento onde se ama; mas aí onde se quer ser amado, ou onde se pensou ser. – Mais um resultado de hoje, que me custou muito... não ciúme – mas muito tempo e muita reflexão. Pois não concebo isso absolutamente.

[3] Algo confuso sobre Voltaire[6]

Voltaire é, no final das contas, muito tolo; erramos, às vezes, e pensamos que ele é sagaz quando diz algo com convicção; isso vem, no entanto, de sua leviandade; ele é superficial demais para não opinar e falar sobre tudo; ele não erra profundamente e, por falta de coerência, fala de tantas coisas. Por isso, no artigo *homme* em seu *dictionnaire philosophique*,[7] ele está tão próximo da verdade, porque ele é seu vizinho. Se ouvissem aquilo pelo que eu o louvo tanto!

6. *Etwas wirres über Voltaire*. In: *Rahel* I, p. 411-412.

7. Voltaire havia publicado seu *Dictionnaire philosophique* ou *La Raison par alphabet* em 1754, mas, devido ao escândalo causado por suas teses materialistas e anticlericais, renegou em seguida sua autoria – embora, como se sabe, sem muito sucesso.

[4][8] Berlim, 3 de novembro de 1819

É chegado um tempo no qual o orgulho nacional se tornou tão prestigioso quanto o amor-próprio e outras vaidades; e a guerra, tanto quanto as brigas. A situação atual contradiz nossa religião. Para não admitir essas contradições, mentiras terríveis e tediosas são ditas, impressas e dramatizadas.

Em mãos insanas, a história é muito nociva, e há um erro fundamental sobre ela em circulação; em toda parte se ouve, das classes mais altas até as mais baixas, recomendarem que se queira investigar e estudar a história. Quem tem condições, portanto, de escrever ou ler história? De fato, só aqueles que a compreendem enquanto presente! Somente esses têm condições de vivificar o passado, e traduzi-lo, por assim dizer, no que está presente. Por isso, a frase de Friedrich Schlegel, "O historiador é um profeta virado para trás"[9] é tão correta, por isso Goethe é tão eterno e sempre novamente grandioso, vivificante e vivo: todas as épocas, religiões, perspectivas, êxtases e condições [são assim] concebíveis, apresentáveis e explicáveis. Mas aqueles que mais leem história do que chegam a viver, sempre querem apenas encenar uma leitura ou que se lhes encene: daí o raso entusiasmo, os projetos vazios e, com eles, o que há de violento; pois o grande percurso da vida, tal qual uma planta, não pode também ser empurrado em direção à terra, mas cresce para cima, em busca do encanto celestial, e todo esforço que ele emprega em outro sentido resiste com maior força. Querer encenar a história romana com intermezzos da vida de Luís XIV ajudou a destronar Napoleão. Certamente, logo acontecerá aí de o

8. In: *Rahel* II, p. 599-600.

9. A frase de Friedrich Schlegel ("Der Historiker ist ein rückwarts gekehrter Prophet") é apresentada como o fragmento 80 nos *Fragmentos* da *Athenäum* (cf. *KFSA* II, p. 176) e era, portanto, bem conhecida dos leitores da revista. A expressão de sua ideia central, contudo, fazia parte da premissa mítico-historiográfica de muitos outros românticos – entre eles Novalis, que anotou como um dos fragmentos para sua planejada e inconclusa *Enciclopédia*: "O presente é o diferencial da função do futuro e do passado" (*W* III, p. 475).

escritor da história, de aqueles que, na vida, apenas olham de relance a história, se diferenciarem daqueles que apreendem e apresentam a história através da vida presente, de modo preciso e ordenado. Então, eles infelizmente não poderão mais ser lidos em espirituosos livros de piadas, e logo, não mais escritos.

Alguns homens, como * e **[10] nem mesmo sabem onde está o ponto obscuro em seus mais recentes escritos, sobre o qual saltam e começam a pressupor arbitrariamente. Eles hesitam mesmo entre a dúvida quanto à agudez de sua inteligência ou quanto à de sua integridade: não se sabe qual das duas se deve ofender. –

[5][11] **Berlim, 5 de novembro de 1819**

Bonald diz em seus *pensées diverses*:[12] "Les uns savent ce qu'ils sont, les autres le sentent. Or on oublie ce qu'on sait et jamais ce qu'on sent etc".[13] Por isso, as pessoas mais orgulhosas, em sua baixeza, julgam tão prontamente a comunidade tão extremamente desprezada por eles, pois seu orgulho se relaciona com as coisas que não estão intimamente ligadas a eles. –

[6]

O absoluto é o fundado em si mesmo, o que compreende seu próprio fundamento existencial.

10. Nomes provavelmente omitidos por Karl Varnhagen.

11. Este e os fragmentos seguintes: *Rahel* II, p. 600-602.

12. Louis-Gabriel-Ambroise (1754-1840), visconde de Bonald, filósofo francês católico anti-iluminista. Publicou seu *Pensées sur divers sujets et discours politiques* em 1817.

13. Em francês, no original: *Uns sabem o que são, outros o sentem. Ora, esquecemos o que sabemos e nunca o que sentimos.*

[7]

Se estivesse próxima de príncipes e com eles vivesse, seria tomada como a mais inferior aduladora. Pois lido com a personalidade de todos os seres humanos, e sempre contradigo a maior submissão do pensamento apenas pelos motivos os mais universalmente aceitos: uma tal contradição não é absolutamente notada, por mais que eu a faça; aprovação e louvor, no entanto, procuro fazer de modo tão pessoal quanto possível. Esse procedimento, que permanece inconcebível, chamaria a atenção das pessoas nobres.

Meus melhores amigos, quando lerem isso, não concordarão comigo, e dirão que eu me louvo enormemente por causa de uma inclinação: mas estou convencida de que o que disse é a mais firme verdade, a mais atestada todos os dias; e não estou nada envergonhada.

[8] Domingo, 6 de novembro de 1819

Julie Bondeli,[14] no *Schreibtisch* [*Escrivaninha*] da senhora La Roche,[15] disse, por ocasião da *Heloise*, de Rousseau:[16] "J'admire combien on peut avoir de l'esprit, lorsqu'on veut seulement être méchant, combien on peut étaler de grands principes lorsqu'on ne veut pas remonter à ceux des autres, combien on peut avoir des conséquences dangereuses, lorsqu'on possède le rare talent d'extraire le venin d'un ouvrage, combien tout ouvrage de morale peut devenir venimeux, lorsqu'on change de place ce qui a été écrit dans un ordre déterminé, lorsqu'on omet

14. Susanna Julie von Bondeli (1731-1778), alemã famosa por seus salões científico-literários, onde recebeu, entre outros, Wieland e Rousseau, tendo se correspondido com este último por algum tempo.

15. Maria Sophie von La Roche (nascida Gutermann von Gutershofen, 1730-1807), escritora alemã de sucesso. Correspondeu-se com Julie Bondeli sem, contudo, nunca tê-la conhecido, e, em 1799, publicou o livro *Mein Schreibtisch* [*Minha escrivaninha*], onde compila suas próprias opiniões literárias e as de outras pessoas – entre elas, Bondeli.

16. Rousseau havia publicado *Julie ou la nouvelle Heloise* em 1761.

les idées intermédiaires, et lorsqu'enfin on perd de vue le but, dans lequel le tout a été composé".[17] Fichte, consequentemente, também se recusa, no começo de um escrito, a lidar com tal tratamento de seus livros e tal procedimento. Estupidez e má vontade procedem ambas desse modo. Por sorte, todas as vezes um procedimento como esse se deixa provar, uma vez que o livro ofendido ainda exista: mas, por azar, isso é muito disseminado e ocorre frequentemente.

[9]

Chiste [Witz] é impulso cominatório e talento. O caráter de cada um leva o chiste a diferentes âmbitos: assim, também, os objetos desse impulso, desse dom, podem mudar de acordo com as idades de uma mesma pessoa: ou alguém [pode] possuir vários tipos de chistes. Fichte define o chiste: "a evidência da perversidade"; isso é um tipo determinado de chiste, me parece.

17. Em francês, no original: *Admiro o quanto se pode ter de espírito quando se quer ser somente maldoso, como se podem expor grandes princípios quando não se quer remeter aos dos outros, como pode haver consequências perigosas quando se possui o raro talento de extrair o veneno de uma obra, o quanto toda obra de moral pode se tornar venenosa quando se troca de lugar o que foi escrito em uma ordem determinada, quando se omitem as ideias intermediárias e quando, enfim, perde-se de vista o fim no qual tudo foi composto.*

2.

[Carta a Rebekka Friedländer][18]

(1807)

Berlim, 13 de dezembro de 1807.

Lede esta carta como se ela tivesse chegado oito dias atrás. Eu a escrevi ontem. Esta é das *boas*.

Apesar de o falar e o escrever não ajudarem em absolutamente nada, não se deveria de nenhum modo parar de falar e escrever! Essa frase obscura, da qual cada metade é, sozinha, verdadeira em si mesma, é apenas por diversão! Eu não estava muito compreensível nesta manhã; e vós também não me entendestes bem. Aquilo de que tratou a conversa é para mim importante demais, e chegou, além disso, a um ponto onde precisa tornar-se compreensível - ainda mais porque de um meio entendimento corriqueiro só teria de se produzir um falso entendimento - para que eu não a persiga com todas as minhas forças e meus melhores pensamentos.

O que propriamente entendemos sob a palavra *homem* [*Menschen*] é, de fato, a criatura que está em uma ligação mais verdadeira com o que lhe é semelhante, em uma relação com a consciência na qual conseguimos formar a nós mesmos, e somos obrigados a sempre, e de novo, nos formar. Queremos ser como queremos, queremos fazer

18. In: *Frauenbriefe*, p. 184-186. Rebecca Friedländer (ou Rebekka Friedländer, 1783-1850), escritora judia alemã. Publicou diversos romances e contos sob o pseudônimo Regina Frohberg. Mais tarde, com o divórcio de seu marido, converteu-se ao protestantismo. Sua amizade com Rahel Varnhagen se deu também em torno dessa conversão, e foi interrompida quando esta última considerou que a personagem Baronesa Charlotte von Willingshausen, do romance *Schmerz der Liebe* [*Dor do amor*], publicado por Friedländer em 1810, era um retrato maldoso seu.

como queremos; temos a necessidade de ser dignos de amor. Com esse impulso belo, puro, o mais humano, o mais amável, perseguimos todas as coisas. Tomado em seu sentido mais alto – mas também até o que há de mais despedaçado –, todo o tecido vital do ser humano [Menschen], enquanto ser humano, não é nada além do que se modifica em direção ao infinito. Em vós, como em todo ânimo suave, vívido, essa necessidade é, então, igualmente muito vívida. O que no mundo é mais digno de amor – e mais feliz – do que uma alma que é aberta para tudo o que diz respeito ao ser humano! E o que, por outro lado, causa um humor mais puro do que essa condição mesma que, durante sua duração, durante sua mera existência, se regenera a si mesma e se propaga! O mundo todo vos ganha; e vós, todo o mundo! É daí que vos ocorre – o que ainda é o erro de muitas pessoas boas – que só se pode apreender *uma coisa* com toda a alma. Memorizeis bem *o que* é digno de amor, e vós o sois, e que desperte em vós *em um instante* tal convicção! Não é, como me escreveis hoje, "um trabalho" que peço – para o qual estais agora incapacitada, para o qual se está sempre incapacitado –, mas o que peço é um instante de convicção, um instante de perspectiva saudável.

Mais humilhada do que eu não se fica, mais agruras do que eu não se experimenta; não se vivencia maior infelicidade em *tudo* que se pode considerar como *o maior* e o menor valor; não se vivencia uma juventude mais atormentada até os dezoito anos, não se foi mais doente, não se esteve mais próximo da loucura; e eu amei. Mas quando o mundo não falou comigo, quando tudo o que há de humano não me encontrou, quando o interesse humano [não me encontrou]: tristeza e arte e gracejo! Em um instante onde a dor e a saudade lancinante puxam a alma cada uma para um lado, não se pode, não se deve querer escavar os tesouros do espírito. *Depois*, pode-se nutrir do suprimento, do suprimento dos tesouros, do suprimento do interesse humano mais elevado, do interesse *humano*. Não me respondais que apenas os dons da natureza capacitam disso; e, por exemplo, que não devo me comparar a vós. Quem pode raciocinar assim, como vós, a respeito de vários objetos *tem* força: apenas seu interesse está direcionado erroneamente.

Um ser humano formado não é aquele que tratou a natureza com desperdício; um ser humano formado é aquele que usa os dons que tem de modo bondoso, sábio e justo, e do jeito mais elevado: aquele que quer isso com seriedade; aquele que pode mirar com olhos firmes onde isso lhe falta, e pode enxergar o que lhe falta. Isso é, em minha percepção, obrigação, e não dom; e exclusivamente isso constitui, para mim, um ser humano formado. Por isso, volto-me a vós, para finalmente olhar com vossos olhos o que propriamente negligenciastes. Isso é, para erguer mais ao universal – à généraliser[19] –, que não leves do universal ao individual, mas ao contrário. Isso é o que há de mais digno de amor; isso vos faria *inteiramente* digna de amor. Podeis *adquirir* isso, pois vem subitamente, através de um pensamento; como em vosso caso, também o contrário vem apenas através de um pensamento. Também repito o que já disse: pessoas como nós só se tornam de fato saudáveis quando concebem a repugnância mais elevada por toda doença; quando são atravessadas pela [noção] de que ser saudável é o que há de mais digno de amor. Podeis não conceber meu ímpeto: gostaria de vos injetar essa convicção com uma *poção*! Mas funciona, tenho certeza! Apenas ficai *bem*, coquete![20]

19. Em francês, no original: *para generalizar*.

20. No original: *Sei'n Sie nur* recht, *kokett!*, jogo de palavras com sonoridade próxima. *Kokett*, como a palavra *coquete*, em português, deriva do francês *coquette*, maneira jocosa de se referir às mulheres galanteadoras.

Caroline Pichler

(1769-1843)

[Caroline Pichler] Autora extremamente profícua, com uma obra cuja edição mais ampla abrange cerca de 60 volumes, Caroline von Grenier nasceu em 7 de setembro de 1769, na Áustria. Filha do conselheiro Franz Sales e de Charlotte von Grenier, tutora da princesa Maria Teresa, seu interesse em se tornar escritora se deu logo em sua juventude, através das lições particulares que recebia em casa, em especial as de latim e música. Sua associação ao romantismo é muito mais cronológica que temática, mas seus romances históricos, que constituem o núcleo de sua obra, reproduzem, em alguma medida, o fascínio com a Antiguidade e com a mitologia que será compartilhado por intelectuais daquele grupo. Casada desde 1796 com o secretário real Andreas Pichler, desfrutou de relativa liberdade para manter suas atividades como escritora, tanto em seus romances, publicados excepcionalmente sob seu nome – e não anonimamente, como era costume para as mulheres –, como nos artigos para jornais, em particular para a gazeta *Morgenblatt für gebildete Stände*, onde escreve desde 1807. Em geral, sua postura filosófica é sustentada por um certo conservadorismo ideológico, nítido em sua defesa da domesticidade feminina, que, contudo, contrastava com a própria inserção de Pichler na discussão política da época. Faleceu em 9 de julho de 1843, mas uma parte de seus escritos já vinha sendo editada em uma coleção de suas obras completas desde 1822. Caroline Pichler pode ser considerada, com algum grau de generalidade, como representante do nacionalismo romântico e conservador que sintetizou uma parte do movimento nas décadas de 1820 a 1840.

1.

Sobre os travestimentos[1]

(1807)

"Quand une fois on a tourné l'Enthousiasme en ridicule, on a tout defait hors l'argent et le pouvoir".
Corinne, par Mad. De Staël[2]

Existem duas épocas no desenvolvimento histórico de todo povo, nas quais a mais bela flor do espírito humano se guarda de duas maneiras, e quase como se o céu, com suas inspirações, estivesse o

1. *Über die Travestierungen*. In: *CPSW* XXIV, p. 5-19. O texto, escrito em 1807, integra o primeiro volume dos *Prosaische Aufsätze* [*Artigos em prosa*], publicado em 1829 em Viena. O termo *Travestirung* é relativamente raro, sendo utilizado ao longo do século XVIII para designar a transposição de um texto antigo em uma língua ou estilo modernos. Enquanto o *Brochkaus Conversations-Lexikon* de 1809 se limita a defini-lo brevemente como um tipo de sátira, o dicionário dos irmãos Grimm (1854-1971), embora não possua entrada para o substantivo, explica o verbo *travestieren* como um ato de transposição de uma "espécie poética" [Dichtungsgattung] para outra. É ao historiador Karl Heinrich Ludwig Pölitz que devemos uma discussão teórica mais detalhada da expressão. Em 1825, em seu tratado sobre as artes poéticas alemãs, ele dedica uma seção não apenas a legitimar a paródia e o travestimento como procedimentos estéticos, mas procura também diferenciá-los a partir da relação entre forma e conteúdo (cf. Pölitz, 1825, p. 471-473). Embora a dimensão do gênero esteja encapsulada de modo apenas latente na expressão tal como foi usada na filosofia da arte dos séculos XVIII e XIX, um estudo dos discursos nesse âmbito poderia demonstrar sua importância determinante. Em língua inglesa, o termo equivalente é *travesty*, e, como no alemão, apesar de próximo da paródia, não tem por função assinalar os defeitos ou incoerências do objeto imitado, como é o caso nessa (cf. Robertson, 2009, p. 59-70). Alguns autores franceses do século XVIII, como Marivaux, também usam a expressão *travestie* nesse sentido. Embora o termo *travestimento* não seja usado em português sob essa acepção, e na medida em que não possuímos um outro para designar esse procedimento, sua óbvia afinidade etimológica impediria, a meu ver, o recurso a outra expressão.

2. A epígrafe encontra-se em francês no texto: "Quando uma vez se tornou o Entusiasmo em ridículo, desfez-se tudo, fora o dinheiro e o poder".

mais próximo dos seres humanos [Menschen] formados de maneira simples e harmoniosa: o primeiro início da cultura e o seu mais belo ápice. Em ambas, as músicas dos cantores[3] soam as mais adoráveis, as mais ricas. Como seres de um tipo mais elevado, elas surgem sob os ânimos mais fortemente indomados; os sons de sua harpa acalmam os espíritos ressentidos, confortam os sofrimentos tempestuosos e dirigem todas as forças da alma dos povos hesitantes até as formas heroicas dos pais, que, nos primórdios, em Valhala,[4] ou na névoa dos planaltos flutuam como modelo dos descendentes, como paradigma das imitações. Pois o herói morre feliz quando o poeta entrega seu nome ao vento, e o nobre cantor, no salão de Alcínoo[5] e no barulhento banquete dos pretendentes de Penélope,[6] sopra, no coração do ouvinte, vontade de viver, coragem, desprezo do perigo e inspirada alegria. Os cantores divinos são os primeiros educadores do povo, os primeiros sábios, os primeiros mestres de virtude.

Desses períodos, soam de Homero e Ossian[7] muitas canções, muitos cânticos por toda a Bíblia, e quase todo povo tem suas histórias de antigos heróis e deuses, com as quais se incandesce a imaginação

3. No original: *die Lieder der Sänger*, "as canções dos cantores".

4. Na mitologia nórdica – posteriormente transformada em referência central do ciclo do *Anel dos Nibelungos* de Wagner –, o local originário e suntuoso onde os deuses, sob comando de Odin, recebiam as almas dos guerreiros mais corajosos. Tornou-se, no romantismo, um *topos* privilegiado da simbologia nacionalista germânica.

5. Alcínoo, na *Odisseia* de Homero, é o rei dos feácios, no Mar Jônico. Seu palácio, em cujos salões se festejavam banquetes famosos, é um lugar emblemático da trajetória de Ulisses, uma vez que é aí que ele recebe, após naufragar, um barco para retornar a Ítaca. Cf. *Odisseia* 7.79-135.

6. No começo da *Odisseia*, Penélope é motivo de uma disputa tumultuada entre seus pretendentes após a demora de Ulisses em seu retorno a Ítaca. Seu filho Telêmaco tenta apaziguar a situação chamando a atenção de todos para a beleza da voz de um cantor presente no banquete (cf. *Odisseia* 1.369-370).

7. Ossian era tido como o suposto autor de um ciclo de poemas épicos publicados no século XVIII pelo poeta escocês James Macpherson, que afirmava tê-lo apenas traduzido. Instalou-se, assim, uma polêmica sobre a autoria de uma obra antiga através do trabalho de edição e tradução modernos, extremamente importante para se pensar os mecanismos de legitimação da crítica textual e das fontes historiográficas a partir do século XVIII.

do descendente; por mais estranho e espantoso que muitas vezes possa ser, se aquece seu coração, e se alcança, como uma tradição sagrada, indubitável, a crença na grandeza humana, na virtude heroica, no amor paternal sacrificial etc.

Assim como, gradualmente, a cultura avança, se cala a boca do poeta. Os deuses celestes se retiram, após terem feito sua parte para a primeira formação do gênero humano. O intervalo de tempo que se segue passa tumultuosamente sob a dura luta da antiga crueldade com a formação que cresce. Finalmente, essa vence; o espírito humano se exercita na invenção das ciências e das artes, cujo fim [Zweck] é produzir o conforto e o embelezamento da vida, até, finalmente, a força do entendimento, da imaginação e das capacidades físicas, trazidas em uníssono, alcançarem aquele belo degrau que encerra a época de ouro de todo povo. Agora, voltam novamente os cantores, e em seu cortejo, todas as belas artes; a época da floração está aí, todo sentimento é despertado, toda força exercitada, todo germe se desdobra. Nessa época, a força e a plenitude são, então, pensadas, escritas, poetizadas, formadas, pois o espírito força, pois se traz algo no coração de que se quer falar com seus concidadãos, pois ideais vivem na alma, cuja forma divina se quer conjurar diante do olhar de um outro, cujo sentimento profundo se quer despertar no peito de um outro. E essas épocas dão origem em todo povo às mais belas produções nas artes e, talvez, também nas ciências.

Mas o tempo passa incansável, a primavera se evade, e o ápice da bela cultura é um pico de montanha, não uma planície. Implacável, o caminho leva de novo para baixo, quando não, também, de novo para o profundo vale, do qual antes saímos com dificuldades, até mesmo para dentro de uma várzea, da qual talvez cheguemos um dia a alcançar um pico ainda mais alto. Mas certamente não existe mais aquela altivez alegre, plena de arvoredos, plena de flores, plena de fontes murmurantes, plena de grotas harmoniosas que abandonamos. Acima do cume rochoso, de onde se vê bem ao longe e de onde se mede com nítido olhar as terras do mundo sob seus pés, reina a genuína ciência. Lá chegaremos um dia, reconheceremos com precisão, ou antes, com nitidez; inferiremos corretamente; mas sobre o cume rochoso há também neve, que somente às vezes derrete com os raios do sol frio da verdade; e o ar, demasiadamente rarefeito, no qual todos os objetos se mostram com clareza, não permite que o peito se erga livre, e mata o germe da vida.

Não faz parte do plano, que o presente ensaio fundamenta, continuar a pintar essa imagem. Basta que *tenhamos estado* no adorável cume, como outros povos antes de nós. Mas

> A flor se vai,
> A fruta tem de amadurecer;
> O Homem tem de sair
> Para a vida hostil,
> Tem de agir e se esforçar,
> E plantar e cultivar,
> Planejar, colher;[8]

Assim, em um povo, como em todo ser individual, se repete o tipo geral [allgemeine Typus] da natureza. – Agora, entra em cena a era econômico-industrial, agora ocorre que é preciso ganhar para fruir; agora não se força mais o cérebro iluminado na escrivaninha; a inspirada imaginação não enriquece o artista com cinzel e paleta. O livreiro requer na próxima feira [de livros] uma obra de muitos fólios ou volumes, o debochado rico, o arrogante parvenu,[9] encomenda uma estátua, um retrato para sua sala, porque, desse modo, agora faz parte do tom se enfeitar descuidadamente com eles, como antes era o caso com tapetes da Holanda e vasos japoneses; e ambos pagam bem e à

8. A canção do sino, de Schiller [Nota da autora]. *Das Lied von der Glocke* é um poema publicado por Schiller em 1798, onde descreve as etapas da vida humana através da metáfora da fabricação de um sino. O trecho original citado por Pichler, que traduzo sem intenção poética, apenas literalmente, é o seguinte: "Die Blume verblüht,/ Die Frucht muß treiben./ Der Mann muß hinaus/ Ins feindliche Leben,/ Muß wirken und streben/ Und pflanzen und schaffen,/ Erlisten, erraffen" (*SW* I, p. 432).

9. A emergente classe média francesa que enriqueceu após a Revolução.

vista. Essa é a profissão do poeta, do artista que dá realidade em seu peito à inspiração, aos ideais.[10] Seria pretensioso e impensável querer sustentar essas observações, contra tantos ânimos nobres, como se fossem um princípio universal, que não sofreria nenhuma exceção. Ainda há os favoritos das musas, que, para isso, não profanam, com a chama sagrada em seus peitos, para, assim, manter o fogo sobre seu rebanho. Nenhuma era, nenhuma forma dos seres é tão nitidamente delimitada que não se deva perder sem se notar na seguinte, e ninguém pode, portanto, dizer onde aquela termina e esta começa; mas, certamente, não é muito ousado sustentar que a influência da era econômico-egoísta, desses deuses tão reverenciados, em honra dos quais se acende em todo peito uma chama ou uma pequena chama, se mostra especialmente na bela literatura, e aí, acima de tudo, no teatro. Talvez, também, essa influência chame mais frequentemente a atenção precisamente nessa área porque a perspectiva complementar da utilidade perturba o conceito puro da beleza, pois uma obra de arte, como uma flor, só agrada, só deve tocar sem interesse próprio, sem intenção, pois o próprio fim último do belo – a purificação do ânimo – deve se seguir dela apenas indiretamente. É um negócio lucrativo escrever pequenas comédias, operetas etc. Não é a todos que a musa sorri em seu nascimento, nem todo mundo se sente capaz de alcançar algo que pudesse agradar por si mesmo na grandeza calma, simples. Milhares de intrigas, personagens etc. são já tão frequentemente utilizados que o público não pode mais encontrar aí nenhuma satisfação; então ele busca sua satisfação, na maior parte das vezes, apenas no que é novo. Assim se deteriora o entendimento especulativo daqueles espíritos com as mais espantosas abominações: comédias com uma ou duas personagens, com *duas* palavras, comédias sobre o telhado, diante das janelas, com templo que se move, viveiros inteiros, metade de um regimento a pé ou a cavalo, fortalezas conquistadas, castelos em chamas e, finalmente, os travestimentos daquelas obras de arte, que há anos

10. Quase não é necessário notar como muito mudou para melhor nos últimos 20 anos, em retrospecto relativo às artes *plásticas* [Nota da autora, acrescentada à edição de 1829].

ou séculos foram objeto de admiração de todos os melhores homens. – Tudo tem de ajudar a produzir algo novo, espantoso, jamais visto. O povo segue aos montes para essas peças, as bilheterias ficam cheias, o autor é pago e é alcançada a finalidade da arte; mas que finalidade abjeta e desprezível, quão indigna da arte e de uma nação educada! Entre todos os mal-entendidos e obstáculos de espíritos incapazes ou inferiores, nenhum me parece tão degradante para a arte e, ao mesmo tempo, tão universalmente nocivo quanto os travestimentos. Se, nas paródias, um objeto insignificante é erguido, como todo esforço do pathos e da pompa, e, com isso, é tornado risível, vemos então nessa tentativa cômica somente uma repetição daquilo que diariamente nos ocorre no mundo real; rimos disso, queremos, igualmente, agarrá-lo em nosso próprio peito; aprendemos, envergonhados, a distinguir o valor verdadeiro do falso. De fato, gostaria de não me lembrar de alguma vez ter visto sobre nossos palcos se representar uma paródia. Pois mais abundantes estamos, há alguns anos, em travestimentos. Temos uma Eneida, um Telêmaco, uma Alceste travestidos, e mesmo um Werther travestido. Nessas peças se despedaça, do alto abaixo, se chuta para a poeira, amarrado em ridículos trapos, um renomado, digno objeto, uma imagem de herói para cuja proeminente grandeza moral ou patética se dirigiram milhares e milhares de olhares com cuidado e amor, a quem um instante divino do inspirado gênio deu a vida imortal, que a arte, com todos os seus estímulos, enfeitou, que gerações ou povos inteiros veneraram como arquétipo de uma virtude qualquer, de uma força espiritual mais elevada, e, então, apresenta-se ao público, nessa distorção, como um objeto de zombaria. Aquilo que antes nos deleitava é considerado agora com desprezo; aquilo que despertou nas melhores almas sentimentos nobres, grandiosos, provoca agora apenas nossas gargalhadas, e nos admiramos, talvez, de como alguma vez pudemos ficar tão inspirados diante deste ideal, que, agora, olhando mais de perto, não é nada mais que uma boneca de feno e de trapos.

A juventude, que na escola lê com a alma iluminada seu Homero e seu Virgílio, e aprecia as formas divinas com fidelidade no peito puro, que, talvez, por conta do convívio confidente com aqueles espíritos, obtém a sugestão de tantas boas ações, ao menos de tantas resoluções nobres; as moças, para as quais a história antiga, vinda de Telêmaco, põe em mente, em uma Alceste, uma Antígona, uma Penélope, um arquétipo de uma dignidade feminina mais elevada, veem agora sobre o palco seu adorado modelo aparecer como debochadas ridículas. O halo que a envolve, diante de seus olhos, além disso, desbota; o herói afunda na humanidade ordinária, muitas vezes ainda sob seus pés, e acorrentado contra sua vontade, mesmo se um ânimo melhor não foi envenenado por essas impressões; uma ideia cômica, uma força risível, uma expressão mais engraçada se esconde, contudo, inseparável, na imagem antes pura, transfigurada. *Enéas todo feito de manteiga*,[11] o herói juvenil de Fénelon, que caminha à margem do Danúbio, e que, com palavras chulas, se espanta com as mulheres do mercado,[12] e Dido, que manda dar como esmola aos troianos incinerados uma moeda de doze vinténs,[13] se mostrarão a nós, tantas vezes quanto suas figuras se fizerem presentes diante de nossos olhos. O poder do risível é grande demais, nossa inspiração escapou, nosso coração esfria; e, para nós, nunca mais se elevará por si só em seu firmamento aquele

11. A torta era/ a maior maravilha da arte culinária;/ ela apresentava o incêndio de Troia,/ e acima das chamas estava/ Enéas, todo feito de manteiga. *Eneida*, de Blumauer. [Nota da autora]. Pichler remete aqui a um trecho da obra satírica do poeta austríaco Aloys Blumauer (1755-1798), *Virgils Aeneis, travestirt* [*A Eneida de Virgílio, travestida*], publicada em Viena entre 1782 e 1788. O livro, muito famoso na época, fazia uma paródia anticlerical - sobretudo antijesuítica - a partir da obra de Virgílio. Nos versos citados, ele descreve uma torta decorada com um boneco de Enéas feito de manteiga. Os versos originais de Blumaer são: "Und dann die Torte:—ja die war/ Der Kochkunst großtes Wunder!/ Sie präsentirte Trojens Brand,/ Und oben auf den Flammen stand/ Aeneas—ganz von Butter". Cf. Robertson, 2009, p. 273.

12. O começo do Telêmaco travestido. [Nota da autora]. Pichler se refere ao livro *Le Télémaque travesti*, publicado em 1714 por Pierre de Marivaux (1688-1763).

13. Na primeira parte da Eneida travestida, como aqui se mencionou. [Nota da autora]. Na *Eneida* de Virgílio, Enéas se apaixona por Dido após essa tê-lo acolhido em seu palácio quando de seu naufrágio.

ideal, uma vez que um arlequim o rasgou de cima abaixo diante de nossos olhos.

É, no entanto, bom, é aconselhável congelar completamente os frios corações em nossa era, expulsar o resto de inspiração possível para o belo e o bom, através do poder irresistível do escárnio, por causa de ânimos egoístas? O contrário talvez nunca tenha sido mais necessário que exatamente agora. Agora, que a busca por distração, o luxo, o desprezo das formas antigas, a indiferença para com a religião, a pátria e as obrigações morais dos seres humanos isolam tanto, e a crença na virtude humana é tornada tão claudicante; agora se deveria, então, se esforçar para se apegar a essa crença através de representações elevadas da grandeza da alma, e menos à força da vontade, e dirigir os espíritos especulativos da época através de sentimentos que poderiam se revelar ao ser humano a partir das diminuições de seu eu, na direção de um ponto de vista mais elevado, de onde ele poderia enxergar do alto e, ao mesmo tempo, se convencer dos muitos membros da grande corrente de que ele não é o centro de um pequeno círculo, mas, antes, uma engrenagem que age em conjunto na grande máquina, de que ele, através de suas forças e capacidades, deve ser responsável.

Ninguém se espantaria que representações demasiadamente comuns desse tipo inflamassem tanto a fantasia de nossa virtude e destruíssem sua sorte através de ideias oníricas de humanidade integral. As épocas passam; – e se, também, aqui e ali, um ânimo gentil ou poderoso carrega em seu peito ideais e os procura fora de si, cegamente, então o caso é excepcionalmente raro, e esse ser iria igualmente, sem livros e peças teatrais, no mesmo caminho do desenvolvimento. As grandes representações residem nele, e não foi preciso nenhum estímulo externo para gerá-lo. Mais cedo ou mais tarde, ele será tomado pela rude realidade, e o companheirismo leve[14]

14. Os ideais de Schiller. [Nota da autora]. Referência ao poema *Die Ideale* [*Os ideais*], publicado por Schiller em 1796 (e em 1856 tomado como ponto de partida de um poema sinfônico de Franz Liszt). A estrofe referida por Pichler é a seguinte: “Wie leicht ward er dahin getragen,/ Was war dem Glücklichen zu schwer!/ Wie tanzte vor des Lebens Wagen/ Die luftige Begleitung her!/ Die Liebe mit dem süßen Lohne,/ Das

desaparecerá. Que ao menos a moça que deseje ser amada como Lotte,[15] ou que acredita na possibilidade de um *Sir Charles Grandison*,[16] não tome seu coração como porcelana barata, e, com inteligente reflexão, negocie com a melhor oferta.

Uma vez que essa preocupação, esse perigo com que, infelizmente, nos deparamos diante de nós, muito frequentemente e a cada passo, não ocorre a ninguém que, com um olhar claro, possa fazer um juízo acerca do mundo ao redor de si, ao menos em uma grande cidade, nada seria mais urgente, mais desejável que o poeta, e, particularmente, o poeta dramático, falar ao ator, a outros escritores, enfim, a todos aqueles a quem a centelha divina em seu peito é uma vocação suspeita, [que ele falasse] diretamente com seus concidadãos, com sua era, com aqueles que sentiram o belo chamado em toda sua dignidade, pois eles se guardaram de dizer, cantar ou representar algo que não tivesse aquela finalidade nobre, e que rebaixasse a si mesmo a artifícios miseráveis, para o gosto, para a degradação, com os quais um chiste desajeitado e o desejo de dinheiro se esforçam por substituir a falta de inspiração. De modo o mais efetivo, as direções teatrais poderiam trabalhar rumo a esse fim se, por algum tempo, elas dessem menos atenção à sua bilheteria que à formação da nação. Se aquelas representações plebeias, aqueles travestimentos profanos fossem expulsos do teatro, onde somente a plebe os assiste, se, ao invés de tantas peças medíocres e ruins, retornassem, com mais frequência, diante dos olhos do público mais cultivado, as obras de arte da época

Glück mit seinem goldnen Kranz,/ Der Ruhm mit seiner Sternenkrone,/ Die Wahrheit in der Sonne Glanz!" [Quão levemente era carregado/ o que era pesado demais, para o que tem sorte!/ Como desliza o companheirismo leve/ diante do carro da vida!/ O amor com sua doce folhagem,/ a sorte com sua cruz dourada,/ a fama com sua coroa de estrelas,/ a verdade no brilho do sol!].

15. Referência à personagem Charlotte (ou Lotte), por quem o personagem-título de *Os sofrimentos do jovem Werther* (1774), de Goethe, se apaixona.

16. Personagem do romance *The History of Sir Charles Grandison* [*A história de Sir Charles Grandison*], publicado em 1753 por Samuel Richardson (1689-1761). As obras de Richardson, sobretudo as ficções epistolares, tiveram grande repercussão entre os autores e autoras do *Sturm und Drang* e do romantismo.

antiga ou mais recente, se a delicadeza maternal de Mérope, o amor pela terra natal de Regulus, a nobre coragem de Tancredo, o amor heroico de Romeu e Julieta, a morte de Don César, que reconcilia com a virtude,[17] aparecessem diante de nossos olhos *com frequência* e *dignidade*, as formas divinas teriam de, aos poucos, agir sobre nossa imaginação, sobre nosso gosto e, finalmente, sobre nosso ânimo. Alguns belos lugares se imprimiriam no pensamento, e com oportunidades decentes, talvez ressoassem como uma voz vinda do céu na alma hesitante ou triste ou desgarrada. A visão mais frequente de ânimos poderosos, que através de uma mais nobre incitação, enquanto especulação e estimulação dos sentidos, poderia ser colocada em ação; a observação dos seres humanos que pensaram como nós, e, como nós, de fato não barganharam, poderia elevar humildemente nossa força de vontade e, finalmente, nos ensinar a possibilidade de sermos bons para querermos o bem, para aprendermos a ver mais do que

17. Na noiva de Messina. [Nota da autora]. Pichler se refere nesta passagem a uma série de personagens e obras muito conhecidas entre seus contemporâneos. *Mérope* é uma personagem da mitologia grega retomada na peça de mesmo nome publicada por Voltaire em 1743, e, nessa versão, se apresenta como uma rainha que renuncia às suas disputas políticas em nome do cuidado e da preocupação com seu filho desaparecido. *Regulus* é o personagem central da peça homônima de John Crowne publicada em 1692, cujo conflito consiste em ter de decidir entre seu amor por Fulvia e sua obrigação de lutar pela pátria. Quanto a *Tancredo*, trata-se também de uma peça de Voltaire, encenada em 1760 e traduzida por Goethe em 1802, cujo personagem central se define pela violência de seu amor por Aménaïde. Por fim, *A noiva de Messina* é uma peça de Schiller de 1803, na qual o personagem Don César, ao final, comete suicídio depois de lhe ser revelado que havia assassinado seu irmão por um mal-entendido. É interessante que cada um dos exemplos citados por Pichler, apesar de suas críticas ao travestimento, pode ser entendido como uma versão modernizada de um texto mais antigo: *Mérope* era uma versão da peça de mesmo nome escrita pelo italiano Scipione Maffei em 1713; *Regulus* era também o nome de uma peça de Jacques Pradon, utilizada por Crowne como base; *Tancredo* era um desenvolvimento do romance de 1713 *La Comtesse de Savoie*, de Mme. Fontaine, mas também a partir dos personagens de *La Gerusalemme liberata* [*A Jerusalém libertada*], que Torquato Tasso escrevera em 1581; de *A noiva de Messina*, embora não seja diretamente uma referência a obras antigas, sabe-se o quanto seus contemporâneos consideraram-na inadequada em função dos elementos anacrônicos retirados do teatro grego – e como o próprio Schiller admitiu, em carta a Goethe, da inspiração em *Édipo rei*, de Sófocles.

um sonho infantil. Pois, se as belas artes e seus sacerdotes andassem de novo em sua dignidade ancestral, então elas seriam, de novo, os professores, retratistas e santos cantores; a bela crença de que eles amam acima de tudo os deuses, e de que uma divindade habita em seu peito, se tornaria de novo viva; o público enobrecido iria de bom grado, e muito, àquelas representações, e, assim, então, finalmente aquelas direções também encontrariam, no gosto melhorado, sua vantagem.

Caroline de La Motte Fouqué

(1773-1831)

[Caroline de La Motte Fouqué] Não se sabe com precisão o ano de nascimento de Caroline Philippine von Briest – conjectura-se 1773 ou 1775 –, mas conhecemos com certeza sua cidade natal, Nennhausen, na Alemanha. Sua família, ao se estabelecer em Berlim, era a responsável por um renomado salão literário, onde ela alcançou seus primeiros contatos com o mundo das letras. Casou-se uma primeira vez com o oficial Friedrich Ehrenreich Adolf Ludwig Rochus von Rochow, que acabaria por se suicidar um ano após o divórcio com Caroline, em 1798. Em 1803, casa-se uma segunda vez, com o escritor Friedrich de La Motte Fouqué, que a incentiva a manter sua atividade literária. O primeiro livro de Caroline, uma coletânea intitulada *Drei Mährchen* [*Três contos*], é publicado em 1806, sob o pseudônimo Serena. Desde então, ela publicou um grande volume de novelas, contos, poemas e ensaios político-filosóficos. Seus escritos sobre a emancipação feminina são considerados pioneiros e vêm sendo estudados com renovado interesse. Sua discussão com Madame de Staël a respeito da cultura germânica também é significativa para os estudos de sociologia histórica. Caroline de La Motte Fouqué faleceu em 20 de julho de 1831. Seus escritos têm sido reunidos desde o início dos anos 2000 em uma edição crítica preparada por Thomas Neumann.

1.

Cartas sobre finalidade e direção da formação feminina[1]

(1811)

Primeira carta

Ficas insegura contigo mesma, minha amiga, e lutas no mais tocante esforço pelo bem, acerca do meio para verdadeiramente alcançá-lo. Tudo, dizes, te amedronta, as opiniões sobre a formação [Bildung] feminina e a ampliação das aspirações elas mesmas. No instante em que essa formação brota e envolve o que há de mais diverso, sem, contudo, produzir aquela calma e tranquilidade dos ânimos, que sempre se segue do reconhecimento claro e da correta dignidade do que é reconhecido, pensas que, nesse momento, está na hora de solucionar a pergunta: as ciências e as artes guiam as mulheres no caminho da tranquila eficácia de modo seguro ou daí as expulsam violentamente? Por outro lado, sentes que nenhum princípio universal poderia decidir sobre o que é condicionado e determinado pelo particular. E, assim, vacilas, e não sabes que direção deves dar a um filho querido, por medo de fazer violência à natureza individual ou ofender uma lei mais elevada, pois parece-te que o *demasiado* e o *insuficiente*, igualmente perigosos, parecem se seguir de um ou de outro.

Como deveria eu reprovar tuas preocupações, que tantas vezes na vida justificam as convicções e ações contraditórias dos homens; e qual mãe já não foi alguma vez perturbada pelo conflito oscilante no que diz respeito ao que é útil e bom que as mulheres saibam e o que deve ser descartado como sem finalidade para elas? Quem não

1. *Briefe über Zweck und Richtung weiblicher Bildung*. In: *WuS* VII, p. 9-39. Publicado originalmente como um pequeno livro.

saberia quão cotidianamente alguns empurram nosso gênero na mais restrita domesticidade; outros, que consideram a vocação universal como algo mais elevado que a do tipo [Gattung], nos introduzem no largo domínio dos tesouros do saber, gratuitos e infinitos, e, daí, querem sempre nos forçar na direção das profundezas mais íntimas do misterioso; outros, ainda, contudo, pensam encontrar o correto equilíbrio em um tanto daquele e também um pouco desse misturados um no outro! Tu te sentes atraída por todos os três e, em todos, requisitada por uma verdade interior. Com esse, tu exiges a realidade, com aquele, o saber mais elevado, e, sem desejar colocar as amarras aqui de modo muito apertado, lá de modo muito frouxo, queres alcançar com o terceiro um caminho intermediário. Não gostas de fazer algo errado. Mas se segues apenas esse desejo, como uma infalível placa no caminho, enfim chegas ao fundamento do teu sentimento, que nasce da demanda natural pelo íntegro, pelo abrangente, e descarta a finalidade unilateral. Quão modestamente te colocas contra ti mesma, o quanto te escondes a ti e, também, ao teu ideal, no pobre e mutilado traje da época; no entanto, a imagem indivisa da feminilidade flutua diante de teus olhos. Na direção dela tu desejas, te esforças por segui-la. Aqui, não se encontram graus ou passagens, pois, assim como nos elevamos com a visão clara de tua imagem, nela não vemos determinar isso ou aquilo, nada do momento do tempo, da nacionalidade ou outra contingência, mas, antes, achamos que a vocação feminina quer sempre apenas o Um, e que, em essência, nenhuma outra relação exterior faz aqui diferença, na medida em que essas condições desaparecem instantaneamente diante de finalidades mais elevadas. De norte a sul, nos primórdios e da época de ouro dos seres humanos até nossos dias de ponderação e sagacidade, a relação das mulheres com o mundo sempre permaneceu a mesma. Enquanto os estados se convulsionam, formas antigas, estimadas, ruem, línguas vão se emudecendo, seres humanos e elementos se revoltam, as mulheres, mães e esposas permanecem antes como depois, e o *único* elemento de seu ser, o amor, prevalece tranquilo e tão invisível hoje quanto há milhares de anos. Inalienável, resolvida em si como a própria natureza, de que é lei, a forma das obras e ações femininas ficam bem acima da época e de seus tremores instáveis. A natureza fala diretamente às mulheres, e sua vocação sagrada é não fazer nada para o momento, tudo para a eternidade. Se os homens mantêm as fronteiras do império mundial a sangue e ferro e impõem a lei firme sobre os povos resistentes, aqui corre leve e agradável, como por suas teias, o fio da vida através das mãos das mulheres, que, assim, dão forma, arduamente e gradualmente, a novelos e correntes, e desenham as curvas do círculo familiar. Fiquemos aí como que no ponto onde se distribuem por toda parte a atividade, a força e a visão das mulheres, como o contorno de um círculo, e que todos os que são dignos de sua natureza devem colocar em correta relação consigo mesmos. Pois, onde encontrares uma família verdadeiramente feliz, aí vês também a mãe, a sábia dona de casa, como ponto mediano; irradiam como sol, se movem alegremente ao redor dos pequenos planetas e da criadagem, como satélites. Mas o que age desde o seu meio em direção a toda parte, e, de novo, incorpora em si a ação contrária em quietude plácida e clareza, é a *união*, a *harmonia*, pois todo esforço unilateral tem, também, apenas uma direção isolada, de modo que prega seus olhos firmemente no objetivo adiante, e conduz até aí a força inspiradora, ao invés de projetar sobre tudo a ação harmônica, como a luz, em sua pureza e plenitude. A ideia de tua imagem seria, então, *harmonia*, e o ser mais completo da feminilidade seria o amor, puro e sagrado amor.

Simples assim se encontra a solução do enigma diante de nós, e nos torturamos e angustiamos em afetar um equilíbrio que, original e imediatamente, é requerido na natureza de nossa vocação. Como devemos agora perguntar o que se afina e o que não [se afina] com a harmonia, já que todo som na natureza se incorpora nessa, e ela envolve tudo que pertenceu a essa! Como uma área qualquer da ciência e da arte deveria permanecer estranha às mulheres, uma vez que todas essas línguas [Zungen] discutidas são uma linguagem [Sprache]! Como seres, elevados o suficiente para compreenderem as inspirações imediatas da natureza, destinados a reunir os múltiplos esforços dos seres humanos em um foco comum, no coração de um todo fechado, no interior de um círculo familiar, como esses deveriam ter de se afastar do que o ser humano arduamente explorou, ou, em todo caso, produziu através de elevada inspiração? Nada permanece mais elevado que a natureza, e essa espelha seu ser sagrado na vocação das mulheres.

Encaras com melancolia as palavras natureza e harmonia, e pensas encontrar seu significado não mais nas estropiadas condições da vida. Mas lembra-te de que falamos meramente da ideia da destinação feminina, e a pergunta era que espécie de formação é adequada, em concordância com essa, para trazer mais para perto a finalidade que elas devem alcançar? Da perspectiva a partir da qual antes reconhecíamos a relação das mulheres com o mundo, derivada das leis da natureza, como imóvel, livre e harmonicamente em si mesma, e que tínhamos de colocá-la tão alto, de modo que tudo, como a própria natureza, lhe pertenceria, uma vez que o conflito foi logo mediado acerca *do que* elas estão autorizadas a apreender e envolver em sua espera particular, permanece apenas indecidido: *de que modo* isso deve se dar? Impossível, dir-me-ás, que uma mulher possa intervir em âmbitos estranhos através do agir imediato sem confundir o simples correr de sua vida! Como concordar as pequenas tarefas domésticas, que demandam tempo, com empenho estendido e os mais elevados produtos da arte! Como pode a mãe de hoje em dia se alegrar com seus filhos, que a tiram incessantemente de seu abstrato encadeamento de ideias, ou a arrastam para longe da oficina de exercícios artísticos? Onde fica, então, agora, a louvada harmonia na vocação das mulheres? O que as ajuda a descobrir os tesouros que o céu e a terra colocam diante delas, se elas não estariam autorizadas a se colocar em nenhuma relação verdadeira com esses? E o que significa isso, que haja aí algo para elas, sem que elas possam, restritas pelos obstáculos externos, alcançá-lo? Não pertencem esses obstáculos externos como que à sua vocação? Não são elas, por causa deles, necessárias? Onde está, então, a saída desse labirinto e onde está a solução do enigma?

Posso encarar tuas objeções apenas porque oponho a elas aquilo que une as mulheres, *firmemente* e *de modo solidário*, com o que é aparentemente estranho, sem que mesmo suas obrigações[2] sejam impeditivas. Aqui intuis, rapidamente instruída por ti mesma, que me refiro à religião, esse amor sagrado por Deus que nos conduz por sobre a confusão oscilante, por sobre o conflito das opiniões e da dúvida, mesmo por sobre toda a estrutura do desenvolvimento progressivo, seguro e incansável, até a fonte originária de todo ser e saber. Na religião, as mulheres *sentem* o significado do mundo, e o *entendimento* chega a elas em sentimento [Gefühl], de modo que elas não apreendem instintivamente a conexão das coisas apenas na intuição obscura ou na fé transmitida, mas antes as veem verdadeiramente à luz do sentimento intumescido. Quem nega que sua obra interior invisível é semelhante aos misteriosos impulsos da natureza não alcança a mais imediata comunhão com Deus, assim como quem pode, na essência dessa obra, desconhecer o amor, o amor transmitido, oferecido em sacrifício, que em sua relação terrena somente carrega a aparência daquela adoração celestial. Assim, através de sua mera existência, e através da necessidade de suas relações internas e externas, as mulheres são mantidas em meio a um fluxo luminoso puro, que deriva imediatamente de Deus, que ilumina a elas e o mundo que as cerca. Pois, desde o instante em que são tocadas no coração maternal com consciência, e sentem seus doces cuidados, se lhes torna involuntariamente clara essa vocação[3] anímica, abre-se-lhes a cortina que lhes esconde o mundo. E assim, deslocadas do ponto de vista da própria natureza para o seu, particular, e logo aconselhadas pela maternidade, ampliam seu amor, e também o amor pelas coisas que encontram próximas de si em sua forma mais verdadeira e natural,

2. No original, *Berufspflichten*, que, em contexto cotidiano atual, poderia ser traduzido como *obrigações profissionais* – o que, no entanto, não se aplica do mesmo modo ao contexto das mulheres do século XIX, que não eram reconhecidas como tendo uma *profissão* qualquer. Uma paráfrase talvez fosse mais adequada: *obrigações de sua vocação*, mas forçaria demais a estrutura sintática do texto.

3. No original, *Beruf*. Ver nota anterior.

enquanto a medida, assim como a relação de seus direcionamentos, se segue de modo completamente simples da ordem universal. Essa ordem universal não é nada mais do que a lei segundo a qual todo indivíduo fiel a si mesmo afirma seu caminho, pois essa lei, que é pressuposta na unidade, se segue imediatamente dessa, e de modo concomitante com a natureza criadora, e se torna o que há de firme e delimitador de sua eficácia. A verdadeira medida de todas as relações conduz, então, à harmonia, ou, antes, é uma só coisa com ela. Do mesmo modo como, agora, as mulheres, em sua pureza original, em meio à harmonia, como que respiram no cálice de uma flor, elas estão submetidas à lei da ordem e da moderação através da natureza de seu ser, e estão forçadas a ver, em seu verdadeiro significado, as coisas em seus necessários direcionamentos, e a reconhecer seu comportamento entre si. Daí se segue, involuntariamente, da essência das mulheres, o amor pela natureza exterior em suas múltiplas formas, bem como a ânsia de retornar à paz e à sagrada concórdia de sua origem, que reconhecemos visivelmente na religião praticada. Quando agora há pouco disse que a vocação feminina se segue das leis da natureza, isso não queria dizer nada além de que ela é uma unidade com a ordem das coisas, e seu ser permanece sendo amor, assim como suas obras, eterna prática religiosa. Inata e educada pela natureza é, portanto, sua medida e suas condições, tanto no espaço quanto no tempo, e enquanto atravessam o caminho de sua ação em *lentas* oscilações, tornam-se mais dignas de admiração que todos os seres. Mas nada pode ficar alto demais ou baixo demais, longe demais ou perto demais àqueles que suportam tudo com igual ardor, e que amam graças e através da vontade de Deus. O que aqui a forma tem de impeditivo e desvanecente nos indivíduos, o que faz com que as aparências externas frequentemente mantenham as mulheres à distância, notavelmente separadas, se resolve na forma mais pura de todas as relações, no casamento. O conspícuo amor prometido a um segundo Eu é o elo externo que liga as mulheres com o mundo, o facilitador[4] entre a formatação individual e sua origem. Signos mudos se abrem, e deixam emitir inspirados sons que vêm de seu interior, como uma mão amada que elas tocam. Toda a sequência de passos de sistemáticas preparações colapsa diante das palavras de uma comunicação afetiva, e mestre e aprendiz, iluminados pelo mesmo raio de luz, penetram rapidamente o cerne dos objetos individuais do saber, sem as cascas que os envolvem, retiradas ardorosa e progressivamente. O amor que impulsiona as mulheres a reconhecer qualquer um pode também simplesmente trazer [qualquer um] para perto, para que elas o vejam apenas em sua luz verdadeira. O homem deve espiar, observar a individualidade, pontuar, coletar; somente a mulher pode apreender e abarcar a totalidade no amor.

Vês como tudo ocorre em um ânimo feminino para conduzir de volta ao seu ponto de vista próprio, ou, antes, para garanti-lo, pois a pureza inata das mulheres é tão grande que elas preservam a si mesmas em meio à mais visível depravação, em meio ao amor mais mal compreendido; contudo, com fidelidade e sólido crescimento. Fidelidade aqui não é nada senão a segurança daquilo que permite, no entanto, pressentir o céu, mesmo quando escuro e perturbado; portanto, uma ânsia por Deus inexprimível, profundamente enraizada, um reflexo obscurecido da religião. Se agora se duvida do sentido para a harmonia que muitas vezes é o propulsor secreto de todas as operações femininas, seria a tarefa afastar o que o perturba ou poderia diminuí-lo, uma vez que a *vaidade* ou o *instinto comum* o determine; pois quantas vezes encontramos degenerado o natural e mais feliz amor pelo belo na distorção da moda ou em outras digressões ainda mais indignas, e quão ordinariamente vemos, por outro lado, a ação ordenadora das mulheres com suficiente autocomplacência, limitada em círculos tão restritos que toda asserção mais livre é impossível. Mas ninguém que viva por inteiro em relação devota com Deus, e mantém com ele a

4. É importante assinalar aqui que o substantivo *Liebe* em alemão é feminino. Assim, as características atribuídas a ele neste parágrafo são, igualmente, femininas: *Liebe* é a *facilitadora*, portanto – uma possibilidade associativa que não se mantém na versão em português, que precisa usar o substantivo masculino *amor*.

comunhão completamente viva, pode verdadeiramente se confundir, uma vez que se dirija com consciência ao lugar em que a vontade divina lhe colocou, pois amar Deus verdadeiramente e se valorizar do modo correto é a mesma coisa, pois essa comunhão é harmonia, e capacita a conviver em uníssono harmônico consigo mesmo e com as coisas fora de si. Assim, portanto, quase desde seu surgimento, o mundo exterior tem pouca influência no desenvolvimento das mulheres, e a natureza na maior parte das vezes as segue como uma parceira e mestra devota, amada, à parte, de modo que não é para elas especialmente difícil se manter em união com Deus, ou mesmo retornar a isso, o que vemos acontecer frequentemente em grande deformação por causa de condições alteradas. Aqui, então, deixa-se insinuar nelas algo estranho; o olho está lá, tudo está ordenadamente em seu lugar, mas elas não veem por si mesmas, elas veem através de Deus, em que vivem e agem. Como deveria a elevada arte, uma imagem da natureza criadora, permanecer-lhes estranha, a elas que tão intimamente se relacionam com essa [natureza]? Como poderiam deixá-las indiferentes os esforços elevados dos seres humanos pela ciência, que por toda parte lutam em direção ao acordo, e como poderia ser subestimada a própria capacidade mecânica de tais [esforços], que alcança tamanha magnitude através de milhares de pequenas habilidades! Também não temas que um ânimo devoto possa trocar os meios pelos fins; o fim é, para esses, o reconhecimento e a glória de Deus, ou do verdadeiro e belo em todo indivíduo. Existe, afinal, portanto, somente *uma* formação, e para as mulheres, somente *uma* direção da formação, que a religião lhes dá. Nessa, todas as outras caminham juntas segundo leis necessárias e naturais, e, através da medida e da ordem, nenhuma pode confundir o bem definido caminho, ou desviar de suas relações com ele. *Sentir* essas relações é um tato inato, que, contudo, em poucos favorecidos permanece no decorrer da vida; *reconhecê-lo* de modo claro é a formação. As palavras do enigma de toda formação seriam, portanto, *harmonia* e ordenação nela entendida, e a medida de todas as relações.

Ensina, pois, tua criança[5] a amar a Deus com toda alma e a reconhecer-se em humildade diante dele; então, o mundo, em seu significado puro, permanecerá claro para ela. E se o destino lhe negou, aqui sobre a terra, companheiros fiéis, eles permanecem, contudo, no céu, que os envia a ela através de milhares de vozes, e acompanha os solitários com misteriosa música, até que seu coração e seu instinto devoto, de todo modo, constituam-lhe um ponto mediano de algum círculo estranho, que se abre para ela e envolve, grato, sua tranquila ação.

5. No original, *Dein Kind*, no sentido de *teu filho*. *Kind*, contudo, em alemão, é um substantivo neutro, que serve para homens e mulheres. A opção por *criança* tenta manter essa dupla possibilidade.

2.

Sobre a sociabilidade alemã, em resposta à opinião de Madame de Staël[6]

(1814)

Somente podem ser chamadas de obras espirituais aquelas que tocam o espírito com o espírito e o obrigam a continuar trabalhando sem repouso e sem trégua, até ele *reconhecer* o que o move. O poder vivo de um escrito é, assim, avaliado na medida em que estimula novas investigações e juízos e, capturando o sentimento, bem como o entendimento, não abandona nenhum dos dois até que um se torne claro através do outro, que seja compreendido inteiramente em uma *autogeração.*

Meu cuidado para com a obra de Madame de Staël deriva, assim, totalmente de eu ousar falar dela em público mais uma vez.[7] O que verdadeiramente ocupou um ânimo esforçado por um ano, o que

6. *Über deutsche Geselligkeit in Antwort auf das Urtheil der Frau von Staël.* In: *WuS* VIII, p. 42-59. Em 1810, Germaine de Staël havia publicado seu livro *De l'Allemagne*, um longo ensaio filosófico-histórico sobre a vida cultural e intelectual alemã na virada para o século XIX, tornando-se um dos mais importantes documentos – embora, é claro, atravessado pela cultura francesa – a respeito do contexto romântico. O livro de Caroline de La Motte Fouqué foi publicado no mesmo ano em que o de Madame de Staël era traduzido para o alemão e publicado também em Berlim. De modo geral, o texto desta última foi recebido negativamente por muitos autores ligados ao círculo romântico de Berlim (por exemplo, Rahel Varnhagen), às vezes com o acréscimo de certas notas xenofóbicas. Na folha de rosto da primeira edição, o nome da autora era grafado como *Karoline de la Motte Fouqué.* Como outras resenhas alemãs feitas do livro francês, a crítica de La Motte Fouqué desenvolve um debate que articula uma reflexão sobre a linguagem, sobre o nacionalismo germânico e sobre a emancipação das mulheres na sociedade a partir do diagnóstico de que Staël teria caído em generalizações simplificadoras da cultura alemã.

7. Pouco tempo antes, no mesmo ano de 1814, Caroline de La Motte Fouqué havia publicado uma primeira resenha do livro *De l'Allemagne* no jornal *Die Musen*, editado por seu marido Friedrich La Motte Fouqué, sob o título "Einige Worte über das

cresceu nele, se nutriu e se estabeleceu nele nunca é tratado com uma ou outra palavra de louvor ou reprovação. Totalmente por si só, ele abre caminho entre os seres humanos, os chama e continua a atuar e a formar em múltiplos rebentos, que, muitas vezes, não permitem reconhecer tão rapidamente sua origem, apesar de serem determinados dentro de uma sequência necessária. Madame de Staël trouxe muito como sugestão, deu muito o que falar, que, por sua natureza, não deixou ninguém indiferente, e moveu enormemente os ânimos na direção de contradições, em função da medida de cada cultura. Seria em si mesmo já interessante, e um espelho do espírito intranquilo e trabalhador da época, iluminar o reflexo de cada juízo de valor de nossa individualidade alemã nos ânimos alemães. O resultado disso ofereceria, mais do que tudo, uma caracterização precisa da formação nacional atual. Assim, tudo o que for dito sobre esse livro, na medida em que procede de uma verdade intrínseca, é dito no tempo certo, e deve ser considerado como primeiro movimento vivo de um primeiro impacto, talvez um tanto ousado.

Já uma outra vez, em um tomo da *Musen*,[8] deixei escapar, em algumas efusões isoladas, a impressão geral da obra sobre a Alemanha, lida por todos e, por isso, já muito importante. As incompreensões de um entendimento grandioso, superior, em contraposição à tangibilidade mais pura e profunda, os juízos dessa intuição tão majestosa, que dilaceraram profundamente um sistema fechado, chocaram tão mais violentamente quanto mais voluntária e alegremente me deixei mover e ser impregnada pela riqueza estrangeira. Não podia, então, conceber como um desconhecimento tão absoluto é possível em uma compreensão intrinsecamente multifacetada. Essa coexistência de um desenvolvimento espiritual audacioso com a ignominiosa degradação de nossa existência propriamente autônoma me parecia incompatível.[9]

neueste Werk der Frau von Staël" [Algumas palavras sobre a mais recente obra de Madame de Staël].

8. Cf. nota anterior.

9. É preciso lembrar que o texto foi escrito ainda sob o forte impacto da dominação napoleônica sobre a Prússia, mesmo considerando sua derrota e a retirada do exército francês

Tal indecisão em reconhecer e sentir tinha de ser dilacerante para sua reputação, e confundir a opinião, na medida em que justamente aquilo que tem de ser visto como a essência da personalidade nacional havia sido ofendido.

Mas, como toda e qualquer coisa que faz uso de um sentimento de modo excludente, seja a indignação ou a admiração, não volta a se esgotar antes de se colocar conosco em uma espécie de equilíbrio, na medida em que, através da luta e da disputa, nos leva propriamente até sua posição: assim, assustou-me por tanto tempo o, por assim dizer, teatro de sombras montadas de minha nação, até que um conhecimento mais exato, através de todas as suas linhas e de todo seu motor e engrenagem, me revelou súbita e comoventemente o ponto de retaliação e de virada de toda a disputa, e gritei, empurrando para longe de mim o inconveniente sonho: *nós, não! esses não são alemães!*

Queria respirar livremente, mas as palavras mágicas me puxavam novamente de volta; traços em comum pareciam zombar de mim, não podia esconder de mim mesma a semelhança[10] e, envergonhada e estupidamente, calei-me diante da aparência estrangeira. Mas ela ergueu sua voz e me falou alto no espírito de minha linguagem, sem que eu a compreendesse. Rasgou-se completamente, então, a rede do sonho, *o clamor da existência viva era outro*, a fisionomia de todo pálido contorno permaneceu imóvel, a alma confluiu em direção à alma universal do mundo, pois pertencia aos seres humanos em geral, sem que pudesse impor seu direito particular sobre a nação alemã.

Essa concordância puramente humana, que, sentida interiormente e calidamente falava de coração para coração, era o que, para mim, para muitos outros ainda hoje, ultrapassava a semelhança individual; essa última, contudo, é e permanece sendo apenas um reflexo lúdico da secreta afinidade intrínseca, que tomou de empréstimo as formas arbitrárias de um tipo de existência.

em 1812-1813.

10. Caroline de La Motte Fouqué era vista por muitos como a "Staël alemã".

Mas, aqui, a palavra tinha dito, então, a palavra.[11] A linguagem era a poderosa divisora que separava o particular do universal, e atribuía a cada um o seu lugar. Eu estava em casa e sentia que Madame de Staël não estava, não poderia estar, enquanto falava sobre os alemães, pois lhe faltava o primeiro elemento da vida alemã, *o ar alemão*. Sua respiração, seu órgão, era movido por um outro sopro, os sons colapsavam e se quebravam no estrangeiro, sem fluírem uns nos outros, *havia montanhas entre eles*.

Madame de Staël chegou com o juízo sobre os alemães assim como o nosso tem de se pronunciar sobre nossas visões e representações do nacionalismo grego e romano, da vida e do ser da Antiguidade, sobretudo cotidianamente: são coisas abstratas, que prescindem do ímpeto vital particular e movente. Estudamos a arte e a história da literatura dos povos antigos; o entendimento abre, ágil e com segurança, um caminho através de toda convulsão das instituições políticas e sociais; a intermediadora eterna, a fantasia, ondula por sobre o circunspecto mundo dos espíritos com animado bater de asas, raios de vida se erguem, grandiosas intuições são ditas em voz alta: querem criar corpo e existência em meio à espécie viva; então olham para trás e não reconhecem mais a carne em relação à sua carne e uma perna em relação à sua perna. São e permanecem, de fato, apenas sombras que, quanto mais corporalmente verdadeiras parecem, mais opressivamente rejeitam a vida. A essência ágil, fugidia, diáfana do sentido humano não recria nenhuma magia, ignora conflito social; a linguagem revela que a vida fornece vida, e a nacionalidade só pode ser medida e entendida através da interação comum, através do amor e da paixão, da coragem e da força e da consumação, através do som do eco da própria alma na alma irmã.

Madame de Staël mesma disse, de modo bem verdadeiro: "Une langue étrangère est toujours, sous beaucoup de rapports, une langue morte. Il faut avoir respiré l'air d'un pays, pensé, joui, souffert dans

11. No original: *Das Wort also hatte hier das Wort gesagt*, no sentido de algo que é revelado no interior da linguagem.

sa langue, pour peindre en poésie ce qu'on eprouve".[12] [Uma língua estrangeira é sempre, sob muitos aspectos, uma língua morta. Para se pintar poeticamente o que se sente, é preciso ter respirado o ar de um país, ter pensado, experimentado e sofrido em sua língua]. Como ela ousou, portanto, *mimetizar*, em língua estrangeira, o maior poema que existe, a história do ânimo e da formação, a individualidade e a caracterização de um povo?

Shakespeare foi, talvez entre milhares, o único digno de revelações tão grandiosas a ponto de poder criar a natureza dos romanos. A poesia tolerou essa ousadia. Com a crítica, entretanto, se dá algo diferente, e, penso eu, ninguém hoje em dia escreverá ainda caracterizações e críticas dos gregos e romanos.

Já se me objetou que Madame de Staël não está em uma relação tão separada assim da Alemanha, que ela já viajou várias vezes pelo mundo, viveu em muitos lugares, observou a natureza e os seres humanos, uniu, com o laço mais suave, a poesia e a amizade com sua existência viva, que conhece a língua e lê bem e muito nela. Eu, contudo, replico: Madame de Staël permaneceu, em sua França, de acordo com a aparência externa, e apenas empurrou-a para dentro das fronteiras da Alemanha. Seu lugar no mundo, o poder de seu espírito, o domínio de sua língua desenharam por si mesmos um círculo em volta dela, cujo centro a colocará em Viena do mesmo modo como em Paris. Nele, a nacionalidade ocorre como *estrangeiridade*; ela vê apenas estados em dias de festa, ou máscaras transformadas em natureza.

12. Caroline de La Motte Fouqué oferece, no livro, entre colchetes imediatamente após a passagem original, sua tradução do texto de Staël. Traduzo aqui a versão de Caroline, e não diretamente do francês, uma vez que a atividade da tradução foi frequentemente um meio de expressão intelectual para as mulheres do período, e as divergências entre a versão alemã e o original – frequentes aqui – podem também ser consideradas interpretações. Também optei por não corrigir os erros gramaticais na transcrição do francês feita pela autora. As passagens em francês foram publicadas na edição original de La Motte Fouqué em caracteres românicos, enquanto o resto, de acordo com o que era padrão na época, aparecia em caracteres góticos. Nem sempre o texto de Madame de Staël citado aparece entre aspas – reproduzo aqui a maneira formalmente variável adotada por Caroline de La Motte Fouqué.

Formas convencionais são, em geral, exatamente iguais umas às outras. A língua francesa possui figuras gramaticais, instrumentos e alavancas através de cujo auxílio pode-se capturar sofrivelmente o quadro geral externo de uma discussão em sociedade. Originalidade, bem como idiossincrasia nacional, não vêm aqui ao caso; trata-se somente de mais ou menos liberdade, na universal prisão da fala. Quem aí cresceu desde a juventude move-se do modo mais confortável. Madame de Staël deve ser *considerada* como mestra da linguagem, guiando o fluxo da fala na viva conversação espiritual a seu bel prazer, enviando flechas de rápidos chistes em ousados voos, para determinar a escala *que nós entregamos em suas próprias mãos*, para, em quase todas as vezes, tropeçar na lentidão desconcertante e no estúpido silêncio, ou no pedantismo erudito cheio de lugares-comuns, ou, o que é ainda pior, em frívola macaquice [Nachäffung]. Através de desconcertante esforço, a segurança da maestria impunha medo, quando, por outro lado, o indecoroso repúdio da particularidade estrangeira feria o sentimento.

É isso que é obrigatório reprovar em Madame de Staël. Aqui, ela pode e tem permissão para ser juíza. Contudo, ela se lembra, humildemente, que somente corrompem o rigor de sua opinião aqueles que querem, autoindulgentemente, se comparar à particularidade estrangeira. Mas se os bons costumes pátrios, a hospitaleira complacência alemã, a agradável recepção são levados a aparecer premeditada e lentamente, até mesmo tediosamente, de um certo modo forasteiro, àqueles que nem sempre pensam de modo francês, eles não podem concluir, nem daí, nem de momentos separados do percurso da vida livre, o espírito e a natureza da conversação alemã em geral. Nem a rigidez algumas vezes denunciada, nem aquela laboriosa ruminação da difícil persistência, nem também os voos incontroláveis e abissais no domínio da especulação representam a essência do alemão. Seu agir é sereno e sociável. Comunicação amigável, loquacidade dócil, alegre reconhecimento daquilo que ele inventou no espírito da vida e da interação humana, pensando e concebendo consigo mesmo, *ouvir e ser ouvido*; esses são os mais caros elementos de nosso sentido nacional. Não sei por que se caracteriza a seriedade alemã de maneira sempre tão pomposa, já que, ao contrário, nossa nação se diverte propriamente com tudo. Quando, alguns anos atrás, os franceses tentaram um ataque na ponte de Roslau e, à noite, a tropa imperial prussiana foi convocada para o Havel e o Elba, as pessoas se reuniram e esperaram pelo toque da alvorada; na escuridão, os homens mais velhos pintaram barbas nos jovens, as mulheres se juntaram com lanternas e, sob ruidosas gargalhadas, os rostos alistados foram iluminados com as tagarelices escandalosas e galhofeiras.[13] Não percebi aí nada da seriedade especulativa ou daquela imaginação doentia da qual Madame de Staël diz *qu'elle inspiroit la crainte du péril*[14] [que ela inspirava o medo do perigo].

É inteiramente inegável que a autora chegou até o território estrangeiro pelo caminho inverso, através do qual ela foi levada até recapitulações equivocadas e conclusões forçadas. Ao invés de acompanhar o desenvolvimento orgânico desde as raízes originais e se sentir em casa e segura sob a copa florida da poesia e da arte, surpreendentemente, ela quase violenta as próprias flores e, dissecando-as sistematicamente em suas fibras e nós, emaranha-se na trama e na rede do organismo estrangeiro. Madame de Staël colocou, de modo completamente explícito, o cume da pirâmide no lugar da base. Mas os elementos dos quais desponta a forma, tal como raios, de modo cada vez mais convergentes, fermentam na amplitude e na profundidade. Madame de Staël não conheceu o povo sobre o qual escreveu, não pôde conhecê-lo. Interessou-lhe apenas, além disso, a diferença literária com os franceses. O selo, a patente que o tempo, por assim dizer, imprimiu na erudição alemã, a espantou. Como a grandeza não deixará tranquilo por muito tempo um espírito vivo, Madame de Staël foi verdadeiramente tomada pela magnitude do poder, da audácia e da magia da literatura alemã, mesmo que ela

13. Caroline de La Motte Fouqué se refere a um episódio em meio aos últimos momentos das guerras napoleônicas, ocorrido no final de setembro de 1813, que resultou na expulsão dos franceses da cidade de Dessau e na vitória prussiana. Havel e Elba são rios que atravessam várias cidades do centro-norte da Alemanha.

14. Sem itálico no original.

goste de acreditar que a necessidade e a carência, como a fome e a sede, tenham causado essa riqueza, tanto quanto as asas cortadas ensinam os corvos a falar, pois diz a autora na obra sobre a Alemanha, de modo bem explícito: "il n'est point de pays qui ait plus besoin que l'Allemagne, de s'occuper de literature, car la societé y offrant peu de charme et les individus n'ayant pas pour la pluspart cette grace et cette vivacité que donne la nature dans les pays chauds" [Nenhum país tem mais vocação (Beruf) para se ocupar com a literatura do que a Alemanha, pois lá o ambiente tem pouco estímulo e os indivíduos, na maior parte das vezes, carecem daquela graça e vivacidade que a natureza fornece aos países quentes] etc.

ou também:

"la nature de leurs gouvernements ne leurs ayant offert des occasions grandes et belles de mériter la gloire et de servir la patrie, il s'attachent en tout genre à la contemplation, et cherchent dans le ciel l'espace que leur étroite destinée leur refuse sur la terre".

[Como a constituição (Beschaffenheit) de seus governos não apresenta ocasiões grandes e belas para merecer glória, e para se tornarem úteis à pátria-mãe: entregam-se, assim, em todas as coisas, à contemplação, e procuram no céu o espaço que sua aptidão lhes recusa na terra].

e na sequência:

"On ne doit donc pas s'etonner des jugements, qu'on a portés, des plaisanteries, qu'on a faites sur l'ennui de l'Allemagne; il n'y-a que les villes literaires qui puissent vraiment intéresser dans un pays où la societé n'est rien, et la nature très peu de chose".

[Não se deve espantar-se nem com os juízos nem com as pilhérias cujo objeto foi o tédio na Alemanha; em um país onde o ambiente não significa nada, e a natureza, muito pouco, só as cidades literárias poderiam interessar verdadeiramente].

Mas se fica completamente louco e surpreso quando se lê intermitentemente sobre *la vie solitaire*[15] [a vida solitária] dos alemães e

15. Sem itálico no original.

sua abstrusa meditação a esse respeito, quando se diz: "celui, qui ne s'occupe pas de l'univers en Allemagne, n'a vraiment rien a faire" [quem na Alemanha não se ocupa com o universo não tem fundamentalmente nada para fazer]. Como diante de espelhos distorcidos, que apresentam as figuras ampliadas, achatadas e amareladas, foge-se dessa Alemanha. Assim, se pode acusar de insociabilidade o mais hospitaleiro de todos os países, o que todas as vezes recebeu o estrangeiro errante com boa vontade e calorosamente, se pode acusar de devaneios fúteis sua poderosa e robusta atividade, fonte de toda apropriada invenção, engrenagem e volante da avançada formação contínua. Quem, imploro aos meus concidadãos, quem reconhece o sentido artístico significativo, gracioso, sublime nessas palavras sombrias:

"Les Allemands, à quelques exceptions près, sont peu capables de reussir dans tout ce qui exige de l'addresse et de l'habilité. Tout les inquiète, tout les embarasse, et ils ont autant besoin de méthode dans les actions, que d'independance dans les idées. Ils voudroient, que tout leur fut tracé d'avance en fait de conduite. En aucun genre il sont capables même d'une addresse innocente; leur esprit est pénétrant en ligne droite, les choses belles d'une manière absolue sont de leur domaine, mais les beautés relatives, celles qui tiennent à la connoissance des rapports et à la rapidité des moyens ne sont pas de leur ressort".

[Com pouquíssimas exceções, os alemães são praticamente incapazes de ser bem-sucedidos em fazer progressos no que requer habilidade e aptidão. Tudo os inquieta, tudo os coloca em embaraço; e necessitam mesmo de tanto método em suas ações quanto de independência em suas ideias. Em matéria de comportamento, gostariam que tudo lhes fosse mostrado antes. Sob nenhum aspecto chegam a ser capazes de uma habilidade inocente; seu espírito é levado, contudo, apenas em linha reta; a beleza absoluta pertence ao seu círculo de atividades; não a beleza relativa, que está em ligação com o conhecimento das condições e com a concepção rápida do correto meio].[16]

Tem-se dificuldade de conceber como o entendimento retilíneo, fossilizado na dimensão matemática, poderia, por outro lado, se perder na névoa e no jogo de nuvens, bem como sua cornucópia, dirigida mecanicamente por uma bússola para o absoluto, pode combinar com mãos que agarram a beleza. Parece que a autora sentiu a mesma dificuldade, e de maneira bem espantosa, inconscientemente, desfez ela mesma os nós, na medida em que disse:

"On eut dit que penser et agir ne devrient avoir aucun rapport ensemble, et que la verité ressemblait chez les Allemands à la statue de Mercure, nommé Hermes, qui n'a ni mains pour saisir ni pieds pour avancer".

[Gosta-se de dizer: pensar e agir não estão, para os alemães, em nenhuma relação um com o outro, e que, neles, a verdade se assemelharia à estátua de Hermes, que não tem nem mãos para segurar, nem pés para avançar].

Agora então, pelo céu eterno!, o austero e incompreensível Deus levou um choque, e, penso eu, filhos e netos não cessarão de falar de seus atos. Como a natureza, cujos hieróglifos profundos iremos aqui comparar, se retraiu em si, avançou tranquila e segura em seu percurso ordenado, sem dar atenção à humilhação e à reprimenda, escondeu a mão vingativa, amarrou os impacientes pés com fidelidade e obediência até que a ordem da vida fizesse brotar o dia da vingança; assim perseverou a Alemanha. A força estúpida falou, e o juízo prematuro tem de se arrepender, envergonhado.

Esse esforço dos alemães determinado na lei também é, portanto, o que Madame de Staël nunca admitiu convenientemente, e o que ela, ao mesmo tempo, nunca reconheceu que teria por si só fornecido a chave para todas as contradições. Na filosofia, como na política,

16. O final da passagem em francês poderia mais literalmente ser traduzido do seguinte modo: *mas as belezas relativas, aquelas que estão ligadas ao conhecimento das relações e à rapidez dos meios, não pertencem aos seus recursos.*

ela ignorou o ímpeto sagrado, nunca saciado, de *olhar* a verdade no espírito, *de ser* a verdade na *consciência*. O reconhecimento da lei no agir da lei encontra seu foco na indivisibilidade da natureza saudável, que não toma de empréstimo o domínio de nenhuma força sobre o outro e rejeita o erro como mentira.

Se Madame de Staël tivesse nos entendido completamente uma única vez, nunca poderia ferir tanto uma nobre nação na raiz de sua existência, ao dizer:

"On est plus irrité contre les Allemands quand on les voit manquer d'énergie, que contre les Italiens. Les Italiens conservent toute leur vie par leur grace et leur imagination des droits prolongés à l'enfance, mais les physiognomies et les manières rudes des germains semblent annoncer une âme ferme et on est desagréablement surpris quand on ne la trouve point. Les Allemands sont flatteurs avec énergie, et vigoureusement soumis. Ils accentuent durement les paroles pour cacher la souplesse des sentiments, et se servent de raisonnements philosophiques pour expliquer ce qu'il y-a de moins philosophique du monde: *Le respect pour la force et l'attendrissement de la peur qui change le respect en admiration.*

C'est à de tels contrastes qu'il faut attribuer la disgrace allemande que l'on se plait à contrefaire dans les comédies de tous les pays. Il est permis d'être lourd et roide lorsqu'on reste sévère et ferme, mais si l'on revêt son naturel du faux sourire de la servilité, c'est alors que l'on s'expose au ridicule merité. On s'impatiente d'autant plus contre eux, qu'ils perdent les honneurs de la vie sans arriver aux profit de l'habilité".

[Fica-se mais aborrecido com os alemães quando se lhes falta força de ação do que com os italianos. Estes conservam toda sua vida em função de sua graça e de sua imaginação, das estendidas prerrogativas da infância; mas as fisionomias e as maneiras rudes dos germânicos parecem anunciar uma alma firme, e se é desagradavelmente surpreendido quando não se a encontra. Os alemães são enérgicos aduladores e súditos vigorosos. Acentuam com dureza suas palavras para esconder a volubilidade (Schmiegsamkeit) de sua maneira de pensar, empregam raciocínios filosóficos para explicar o que no mundo há de menos filosófico: *o cuidado com o poder e o medo dócil, que transforma esse cuidado em admiração.*

A contrastes desse tipo tem de ser atribuída a desgraça alemã, que se imita tão facilmente nas comédias de todos os países. É permitido ser desajeitado e grosseiro quando se permanece severo e firme; mas somente quando alguém traveste o natural com a gargalhada de Judas da servilidade é que se expõe a um merecido ridículo. Ficamos com tanta má vontade em relação a eles porque perdem a honra da vida sem alcançar as vantagens da habilidade].[17]

De fato, a justiça eterna não pôde agir com mais vivacidade para a refutação dessa difamação, enquanto ela ainda agora mesmo a deixa ressoar.

Onde está a terra alemã, a cidade alemã que capturou seus adversários triunfantemente, que teria preparado dois epílogos, para esse ou para aquele partido vitorioso? Quando a fidelidade tranquila, atenta para a palavra sagrada, com peito ferido, trouxe a si mesma para o sacrifício, ergueram-se aos céus suspiros, e não canções de júbilo. O alemão evitou o estrangeiro, que nunca pôde conceber seu modo de sentir, e perseverou com seriedade em si mesmo, até que Deus o chamou através da voz da lei. Então, penso eu, ele chegou e o mundo o reconheceu.

17. A tradução literal desta passagem seria ligeiramente diferente daquela proposta por Caroline de La Motte Fouqué: "*Fica-se mais irritado com os alemães quando se vê faltar-lhes energia do que com os italianos. Os italianos conservam toda sua vida por sua graça e sua imaginação dos direitos prolongadas à infância, mas as fisionomias e as maneiras rudes dos germânicos parecem anunciar uma alma firme, e se é desagradavelmente surpreendido quando não se a encontra. Os alemães são aduladores com energia, e vigorosamente submissos. Eles acentuam duramente as palavras para esconder a leveza dos sentimentos e se servem de raciocínios filosóficos para explicar o que há de menos filosófico no mundo*: o respeito pela força e a suavização do medo que transforma o respeito em admiração. *A contrastes desse tipo tem de se atribuir a desgraça alemã que se gosta de imitar nas comédias de todos os países. É permitido ser desajeitado e grosseiro quando se permanece severo e firme; mas se se reveste seu natural com o falso sorriso da servilidade é que se expõe ao merecido ridículo. Impacientamo-nos ainda mais com eles na medida em que eles perdem todas as honras da vida sem alcançar a vantagem da habilidade*".

Perguntamo-nos, contudo, como um ânimo introspectivo, nobre, que procura e quer a verdade, poderia chegar a uma má compreensão desse tipo; então, teríamos de nos confessar que nós mesmos a induzimos através da imperfeição e da natureza atrasada de nossa formação. Se essa [formação] tivesse crescido e amadurecido conosco, se fosse um espelho de nossa individualidade estendida, saberia defender-se, em sua independência, de todo audacioso ataque. Mas, no entanto, flutua manifestamente entre duas esferas, e através de gracejos frouxos perturba a percepção objetiva que, no reconhecimento incompleto, esgota o entendimento com opiniões unilaterais.

É natural que os múltiplos elementos de uma existência rica refluam para suas raízes em um conglomerado de afeto vital, e aí façam surgir um tipo de conflito e contradição de uns contra os outros, até que conciliem e comportem calmamente o leito tranquilo da origem comum. A Alemanha, enquanto ponto de convergência e foco da formação europeia, não pode querer, portanto, manter um isolamento chinês. Seremos sempre tocados e movidos pelo que há de mais diverso em meio a um conflito. Ao mesmo tempo, esses atritos não devem se partir em produtos subordinados, mas, antes, ampliar o fervor e distribuir uma luz mais forte em todas as direções. Não queremos arrancar nem esse nem aquele do útero tranquilo de nossa pátria-mãe, mas, antes, o recorrente fluxo da vida, cercado pela lei dos antigos limites naturais, deve assumir sua forma própria. O que é estrangeiro deve se apresentar na dignidade e na força alemãs. A isso pertence, antes de tudo, *a nobre apreciação de nosso ser mesmo*, que naturalmente se produz tanto a partir da liberdade ética quanto da civil. A independência política determina a social. Pagamos com sangue por uma, não queremos cavar voluntariamente para a outra a sua cova.

A forma [Gestaltung] própria de nossa essência alemã, como disse antes, preserva os limites da lei. É certo que só devemos o que podemos, e não podemos nada senão nos manter na nobre tranquilidade e na digna liberdade. Medida e tato nos são próprios; mesmo os voos audaciosos da fantasia, os rápidos golpes do chiste, são apenas modulações da tonalidade fundamental nativa.[18] Nós demandamos lei e forma [Form]. É por isso que a determinação explícita de nossa língua nos pertence, ela é bastante bem apropriada para a *conversa eticamente empreendida*. Se aqui, às vezes, ela parece desajeitada, a causa disso está em sua deficiente *formação continuada* social, bem como nas progressivas convulsões do espírito nacional em geral. Os diferentes períodos de nossa literatura impõem partes espinhosas ao caráter da conversação. Forma, construção, como também a entonação das palavras, tudo isso é hoje diferente do que era ontem. Essas diferenças convergem, às vezes, de modo muito desarmônico na mistura da interação vital, e inibem o livre fluxo da fala através de lugares-comuns amaneirados. A linguagem da vida é diferente da linguagem dos livros e, contudo, não está separada desta. Uma se agarra na outra sem a penetrar. Daí os discursos enfeitados,[19] a alarmante insegurança das palavras, o som estranho e desagradável dos ditongos pronunciados aberta e fechadamente, a essência inteiramente fabricada, quando a comunicação íntima quer se tornar alguma vez pública.

Sentimos, então, uma força compulsória da interlocução, que se produz mesmo somente apenas a partir da forma [Form] e da anomia da linguagem social. Uma vez que, então, o coração e o ânimo se ampliam, na medida em que ambos são tocados no curso da conversa, uma vez que a natureza abre caminho, pela primeira vez, em meio à

18. *Modulações* (*Modulationen*) e *tonalidade fundamental* (*Grundton*) são dois termos técnicos da composição musical moderna que indicam um certo número de técnicas de transposição de uma música de uma tonalidade para outra – e que constituem o dispositivo central da estética romântica, uma vez que permitem ao compositor ampliar de modo significativo o espaço pelo qual suas notas podem transitar. A modulação é, assim, uma técnica que introduz, no sistema relativamente fechado de determinação de uma tonalidade (com seu sistema de consonâncias e dissonâncias), a possibilidade de uma diferença contínua, ao mesmo tempo que preserva algo do núcleo central da estrutura tonal original ou fundamental. Um reconhecido exemplo do uso de modulações na música alemã do século XIX é Richard Wagner.

19. No original, *Sonntagsreden*, literalmente, *discursos de domingo*, termo usado para designar falas retoricamente elaboradas em ocasiões festivas.

alarmante luta, então, subitamente deixa sair uma palavra tão comum[20] que, de repente, apaga todo adorno da formação. Logo, não há nenhuma unidade desenvolvida na linguagem da vida. Oscilamos entre a cerimônia e a trivialidade, entre a artisticidade e a natureza grosseira.

Uma vez que, no entanto, não existe nenhum outro centro da educação exterior para os alemães senão a libertação e a independência do que é interior, uma vez que o gênio da linguagem procede do casulo e do tecido do pensamento, com bater de asas ousado e jovial, e a ciência e a arte *indicam* as formas de expressão: então, os poetas e escritores deveriam *construir socialmente* a linguagem, nas *comédias e romances de costumes*, de acordo com a medida da competência, e desenvolver dela tanto a unidade quanto a genuína completude. Pois aqui é particularmente verdadeiro que a penitência dos pecados é herdada pelos filhos e netos e que provoca novos pecados. A incompreensão não natural de nós mesmos nos levou a armadilhas estrangeiras. Desaprendemos o uso dos próprios membros e nos movemos mais facilmente com muletas inúteis. A inadequação autoinduzida nos empurra sempre de novo para a língua francesa.

Ficamos voluntariamente na *segunda* fileira, enquanto contemplamos com uma espécie de deferência aqueles que sentem sua natureza leve e confortável, adequada aos elementos que nos foram impostos. A vantagem que os franceses mantêm, mesmo na apreciação geral de sua língua, enche-nos ou bem com a terrível ambição de ficar iguais a eles, ou nos recolhe humildemente em nós mesmos. Temos, contudo, uma palavra a comunicar, e temos o direito de fazê-la ser dita com orgulho e segurança. Não devemos mais oscilar entre a formação própria e a estrangeira, cabe-nos querer ser alemães. Se a língua francesa se tornou indispensável para a interação social da Europa, enquanto estiver em circulação, ela vale tanto quanto uma moeda de pouco valor ou um trocado, qualquer um a conhece dessa

20. No original: *soe in Wekelstagswort*, literalmente, uma *palavra de dia útil*, ou seja, o sermão habitual que se prega nas igrejas durante os dias de trabalho da semana, opondo-se, assim, ao sermão especial de domingo – o que retoma, como antítese, a ideia de *Sonntagsreden* referida logo anteriormente.

maneira; ela permanece sendo para qualquer um apenas um meio, nada além disso. De que ajudaria, também, fazer dela uma finalidade? Seus ditados e frases clássicos permanecem, contudo, apenas pompa da moda pulverizada sobre a viva formação nacional; o espírito alemão cresceu para fora da antiga vestimenta; os dois não combinam mais um com o outro.

Posso dizer isso em primeiro lugar, já que eu, amando a linguagem em si mesma, sei, por experiência própria, que ninguém se perde nunca absolutamente nela sem alguma hora perder uma parte de sua particularidade. Assim, se pode ser completamente justo em alguma coisa apenas quando essa é dirigida de volta ao seu domínio particular e, ao mesmo tempo, tratada com verdade em solo familiar. Ao penetrarmos a galanteria, o amor dócil, o costume refinado e a agradável elegância da cavalaria francesa, então, vemos daí que a formação social das duas nações já se distingue nitidamente, na medida em que cada um dos elementos determinados na cavalaria assume uma outra cor e fisionomia quando cruza o Reno e o Vosges.[21] Posso invocar aqui o *Anel mágico*,[22] sem medo de ser mal-entendida, como evidência e espelho verdadeiramente clássico dessa diferenciação nacional. O cavaleiro Folko e o Senhor von Trautwangen[23] argumentam de modo sedutor, cada um deles, acerca da prioridade de sua raça [Volkstammes]; ambos são o que devem e podem ser, e nenhum sente falta, no outro, do que ele mesmo possui. Passemos agora progressivamente do primeiro ponto de ruptura no contorno da fronteira das duas individualidades até o ponto de vista do presente histórico: ambas caminham, então, em uma distância sempre mais crescente em relação à outra, e nenhuma mistura é pensável. Isso se nos torna enormemente chocante através

21. O Reno é o rio que marca o limite entre a França e a Alemanha. Vosges ou Vosgos é a cadeia de montanhas próxima da fronteira com a França a sudeste da Alemanha.

22. Sem itálico, no original. *Der Zauberring. Ein Ritterroman* [*O anel mágico. Um romance de cavalaria*] havia sido publicado por Friedrich de La Motte Fouqué, esposo de Caroline, em 1812.

23. Folko von Montfaucon e Otto von Trautwangen são personagens do romance de Friedrich La Motte Fouqué. Ver nota anterior.

do exame preciso do caráter nacional francês na obra sobre a Alemanha no que diz respeito às relações sociais. Sentimos, com certeza, que o espírito dessa conversação, apesar dos meios de equiparação da língua universal do mundo, teria de permanecer completamente estrangeiro para os alemães. Nunca conhecemos tal arte da esgrima do discurso que, contabilizada como efeito teatral, é exercitada com frases e palavras sancionadas, tal qual insensíveis armas, diante dos olhos do espectador; a loquacidade alemã é sempre, mais ou menos, o ímpeto da comunicação, a necessidade da configuração externa, e também é aquele autoespelhamento em palavras, como no reflexo do vidro, um apropriar-se da natureza humana universal; assim, chegamos com dificuldade àquela virtuosidade, montada por Madame de Staël ao máximo nas seguintes palavras.

"pour réussir en parlant, il faut observer avec perspicacité l'impression qu'on produit à chaque instant sur les hommes, celle qu'ils veulent nous cacher, celle qu'ils cherchent à nous exagérer, la satisfaction contenue des uns, le sourire forcé des autres; on voit passer sur le front de ceux qui nous ecoutent, des blâmes à demi formés, qu'on peut eviter en se hâtant de les dissiper avant que l'amour propre y soit engagé. L'on y voit naitre aussi I'approbation, qu'il faut fortifier, sans cependant exiger d'elle plus, qu'elles ne veut donner. Il n'est point d'aréne où la vanité se montre sous des formes plus variées que dans la societé".

[Para se falar com sucesso, deve-se observar com perspicácia a impressão que, a cada momento, se causa no ouvinte, aquela que eles querem nos esconder, a que se dão o trabalho de exagerar para nós, a satisfação contida de uns, o riso forçado dos outros. Vê-se surgir na testa dos ouvintes uma certa meia-reprovação, a qual se pode evitar quando alguém se apressa a dissipá-la antes que o amor-próprio entre em jogo. Aí também se vê germinar a aprovação; e deve-se segurá-la firme, ao mesmo tempo sem demandar dela mais do que poderia dar. Não existe nenhuma arena sobre a qual a vaidade se mostre em múltiplas formas (Gestalten) como na sociedade].

Que tormento da existência, que convulsionantes atritos do espírito! Onde está aqui a livre reação do clamor inspirado da voz humana? A fagulha elétrica da comunicação mais luminosa se torna uma bruma sempre melíflua, que envenena os impulsos saudáveis da produção social. O quanto essa escravidão tem de ser, de um modo ou de outro, mil vezes mais debilitante do que todas as *anciennes formules de politesse*![24] Pode a autora sustentar que essa direção do espírito não é dada a ninguém? Que essas não são *des lignes tracées d'avance* [linhas estabelecidas antes] entre as quais o hábito e o costume guiam para cá e para lá o entendimento?

Nós, alemães, o sentimos, e devemos sentir de modo cada vez mais vivo, quanto mais nos conhecermos e honrarmos. E aí o mais esperto alemão nunca levará isso até o lugar onde o mais estúpido francês, por natureza, está; que, como diz Madame de Staël, "sait encore parler, lors même qu'il n'a point d'idées, qui amuse toujours, quand même il manque d'esprit. Il vous raconte tout ce qu'il a fait, tout ce qu'il a vu, le bien qu'il pense de lui, les éloges qu'il a reçues, les grands seigneurs qu'il connoit, les succès qu'il espère"

[compreende o falar, mesmo quando não tem nenhuma ideia; que, além disso, então, ainda diverte quando lhe falta espírito. Ele conta tudo que fez, tudo o que viu, o quão bem ele pensa de si mesmo, como foi louvado, quais grandes senhores conhece, o que espera de benfazejo do futuro].

Já que nos envergonhamos de dizer ou ouvir algo assim, devemos nos dignar também o suficiente para partilharmos socialmente uns com os outros pensamentos saudáveis, com pureza e graça, em nossa rica linguagem multifacetada. Pensamentos e linguagem crescem, como a alma e o corpo. Assim como um se amplia, o outro cresce por si. Imprimimos com a espada as marcas de nossa existência exterior; cada um carrega consigo agora, na nobreza nacional, as armas através das quais se defende do mundo, no interior e no exterior. A sociedade

24. Em francês, no original: *antigas formas de polidez*. Única ocasião em que Caroline de La Motte Fouqué não oferece uma tradução do francês.

é o espelho do sentido dominante, é a artista plástica que empresta ao que é conhecido e ao que é sentido, nas relações humanas vivas, a verdadeira forma [Gestaltung]. Ela dá testemunho a favor ou *contra* nós.

Bettina von Arnim

(1785-1859)

[Bettina von Arnim] Conhecida por seu romance epistolar baseado na correspondência trocada com Goethe – *Goethes Briefwechsel mit einem Kinde* [*Correspondência de Goethe com uma criança*] –, de 1835, Elisabeth Catharina Ludovica Magdalena Brentano nasceu em 4 de abril de 1785 em Frankfurt. Com a morte de sua mãe e de seu pai quando ainda era criança, mudou-se para Offenbach para ser criada pela avó, a escritora Sophie von La Roche. Foi, contudo, educada no convento das irmãs ursulinas, entre 1794 e 1797, onde teve contato pela primeira vez com o universo das letras. A amizade, logo após esse período, com Karoline von Günderrode parece ter, segundo declara ela mesma em seus escritos, aprofundado o seu interesse pela literatura, ainda que se considerasse inapta para estudos de caráter mais filosófico. Casou-se em 1811 com o poeta Achim von Arnim, com quem teve sete filhos. A vida conjugal, atravessada por dificuldades financeiras, pareceu-lhe sempre uma provação e um obstáculo para sua formação cultural. Somente após a morte do marido, em 1831, Bettina resolve se dedicar à escrita, passando a circular no meio intelectual e a encontrar uma nova significação para sua trajetória pessoal. Dedica-se com tal afinco a essa atividade que chega a publicar cinco livros em treze anos – algo relativamente inédito para uma mulher à época. Apesar de expressar muitas posições conservadoras em seus escritos, inclusive sobre o sentido da existência feminina, foi considerada por muitos contemporâneos como uma simpatizante das teorias socialistas, e, por isso, censurada. Faleceu em 20 de janeiro de 1859. Seus romances biográficos renderam-lhe reconhecimento continuado e são utilizados ainda hoje como material para a reconstrução da vida de Goethe, Günderrode ou de seu irmão Clemens Brentano.

1.

[Carta a Karoline von Günderrode][1]

(1840)

Frankfurt

Günderödezinha, Clemens[2] pede mil vezes para enviar-te lembranças. Tenho de escrever logo, pois ele fica atrás de mim e me obriga a isso; ele fala de um dom-fafe ou de um priolo[3] que está apaixonado por ti, e que é tão graciosamente tolo, e que ele profetiza que tu não lhe resistirás; uma vez que tens um fraco pela tolice, mergulharás sobre ele como uma ave de rapina sobre um filhote de ganso recém-nascido,

1. *Die Günderode*. In: *WuB* I, p. 412-416. O texto, além das já mencionadas dificuldades próprias da retórica e da imagística paradoxais do romantismo, é também escrito em um alemão bastante interpolado por construções dialetais e com uma sintaxe ainda não completamente padronizada, se comparada ao modelo posterior da gramática germânica, o que lhe garante uma tonalidade sentimental espontânea, informal, como convém a uma troca de cartas entre amigas. Ele integra o livro de Bettina von Arnim, *Die Günderode*, e é uma versão tardiamente trabalhada da troca de correspondência estabelecida entre a autora e sua amiga Karoline von Günderrode (1780-1806) – cujo nome, portanto, tem um *r* a mais do que o nome atribuído no título da obra de 1840. Os acontecimentos narrados na carta aqui traduzida permitem conjecturar que ela se fundamenta em uma correspondência provavelmente datada de 1805. Karoline von Günderrode, atormentada pelos limites da ação social das mulheres no século XIX, foi frequentemente vista como uma mulher excêntrica e de vida tumultuada: manteve um romance com Friedrich Creuzer que, incapaz de terminar seu casamento por medo do escândalo de um divórcio – com o qual, contudo, sua esposa consentira –, acabou rompendo com ela. Em 1806, Karoline von Günderrode comete suicídio às margens do rio Reno, apunhalando o próprio peito com uma adaga. A correspondência entre as duas amigas é atravessada por reflexões sobre a arte, a filosofia e a metafísica da vida, formando uma espécie de epistolário filosófico do qual o trecho traduzido aqui é apenas um exemplo.

2. Clemens Brentano (1778-1842), poeta romântico irmão de Bettina von Arnim.

3. No original: *Dompfaffen oder Blutfinken*, dois pequenos pássaros da família dos fringilídios que habitam toda a Europa.

e ele já te viu várias vezes espreitar e sobrevoar, com olhar ganancioso, os fenômenos da tolice [Dummheitsphänomenen]; e que, além disso, tu nunca deixarias que te roubassem as presas, e que certamente estás atrás delas na caça do Rheingau,[4] enquanto aqui os mais notáveis exemplares correriam para tuas mãos e, além do mais, muitos seriam avistados correndo atrás de um pouco de dinheiro.

Ele acabou de pegar o chapéu para ir comprar ingressos para o show de marionetes; ele quer levar Pauline para que ela veja o que acontece em sua barriga.[5] Pois ela tem um teatro de marionetes em seu corpo, e quando ela fala com [Clemens], ele responde ao Pantaleão, ao Escaramuche, ao Zé-Ninguém [Hanswurst], à Colombina[6] etc. – e, à medida que ela fala, ele responde a uma pessoa diferente da peça de marionetes, e ele imita tão bem [esses personagens] que o teatro de marionetes, quer dizer, a barriga de *Pauline*, se treme muitas vezes de tanto rir. Ele é inesgotável com o chiste e persegue todos. Afetou-o notavelmente que não estejas aqui; ele gostaria que eu te desse um empurrãozinho para vir, mas tu não abandonarás os jardins de Dioniso, onde toda manhã provas os maduros frutos silvestres que Deus te entrega pela janela, para ver os ursos dançarem em nossa feira empoeirada.[7] Se *Clemens* não estivesse me esperando aqui, teria gostado de ficar contigo no Rheingau, Franz[8] teria bem permitido, pensei nisso várias vezes; como seria lindo olhar ao redor em lugares

4. Região próxima de Frankfurt, famosa desde o século XVIII pela tradição local de caça.

5. Pauline Chameau, amiga dos Brentano e frequentadora dos salões de Bettina von Arnim. Os teatros de marionetes receberam grande atenção por parte dos românticos – Kleist e Novalis escreveram textos sobre eles – e foram moda durante todo o século XIX na Europa, e, mais ainda, nos Estados germânicos.

6. No original: *so antwortet er dem Pantalon, dem Skaramutsch, dem Hanswurst, der Colombine usw.* Esses personagens são típicos da *comedia dell'arte* italiana e das peças cômicas populares alemãs.

7. Referência às feiras de atrações que percorriam as cidades, muito parecidas com trupes de saltimbancos, e onde se apresentavam animais adestrados, inclusive ursos, que faziam truques em troca de frutas. Bettina também faz um jogo de palavras, intraduzível em português, entre *Beeren*, que traduzi por *frutos silvestres*, e *Bären*, *ursos*.

8. Franz Brentano (1765-1844), irmão mais velho de Bettina von Armin e seu guardião até seu casamento com Achim von Arnim, em 1811.

onde – em toda parte – nenhum outro ser humano tivesse adentrado – muitas vezes, um lugarzinho encoberto, que ninguém conhece, é o mais belo do mundo. – Digo-te que teríamos descoberto pequenas fontes no fundo da relva e das rochas, e pequenas cabanas isoladas na floresta, e talvez, também, pequenas cavernas – gosto muito de perscrutar a natureza, passo a passo. Penso que nos encontraríamos, enquanto isso, em um lugar onde poderíamos construir nossa cabana – tu, completamente ao livre, no alto da montanha, e eu no vale, onde as ervas crescem alto e tudo é secreto, ou então na floresta, mas bem próximas, para que pudéssemos nos chamar. Tu me chamas com um megafone:[9] "Bettine,[10] venha cá!", e então eu vou, e o canário vai na frente, pois ele já sabe para onde vai, e o cão vai farejando, pois no vale deve-se ter um cão. Escuta! – E na primavera tomaríamos nossos bastões e andaríamos a esmo, pois seríamos como eremitas e não diríamos que éramos moças. Tens de fazer para ti uma barba falsa, já que és alta, pois de outro modo ninguém acreditaria; mas apenas uma pequena, que te caia bem, e eu, como sou pequena, sou como que teu irmão menor, mas para isso tenho de cortar meu cabelo. – Fazemos uma viagem na primavera, durante a floração de maio, mas então esquecemos das frutas silvestres! Pois no vale, tudo estaria coberto, primeiro com violetas, depois, com morangos, com os quais poderíamos viver seis semanas; não plantamos repolho. – No outono estamos de novo lá e comemos as uvas, ah! Se isso pudesse ser verdade por apenas um verão! – Parece-me que se pode querer viver assim para todo o sempre. Pois toda sabedoria verdadeiramente flui do teu olhar até mim, tenho mais do que o suficiente no que se pronuncia em mim quando te vejo ou mesmo quando tu apenas permaneces

9. No original: *Sprachohr*, na verdade um ancestral do megafone moderno, inventado por Athanasius Kircher no século XVII.

10. As duas formas (*Bettine*/*Bettina*) são usadas como assinatura de seu nome – sendo ambas uma substituição de seu nome de nascimento, Elisabeth Katharina Ludovica Magdalena Brentano. Konstanze Bäumer e Hartwig Schulz indicam que o nome *Bettina* era usado sobretudo nas obras, poesias e ensaios, enquanto *Bettine* era empregado nas cartas.

em silêncio; se, no entanto, tu falas, és um grande mistério, embora revelado; durmo na tua presença, teu espírito me adormece, e, então, sonho que desperto e que sinto tudo apenas come se estivesse num sonho e isso é bom; pois se fosse diferente, estaria confusa.

Assim que Clemens chegou à casa, perguntou por minha carta; ele também queria escrever algo nela, mas apenas lhe mostrei por alto o que eu te contei; pois não gostaria que ele lesse que eu gostaria de viver contigo como eremita, pois ele teria certamente usado isso no teatro de marionetes, então contei-lhe de nosso passeio pelo Reno na noite de luar, com a orangerie[11] próxima ao deque, o que lhe trouxe tanta alegria que ele perguntou por tudo mais que aconteceu, por cada palavra, pela ribanceira, pela lua e contei-lhe tudo; pois lembrava de tudo, cada brisa que soprou e como a lua reluzia através das escotilhas e das arcadas do forte do castelo, e tudo mais; e ele perguntou, também, o que falamos, e eu disse: nada, ou apenas poucas palavras, pois toda a natureza estava muito silenciosa. – E quando ele já tinha entendido tudo, me prendeu e disse que eu devia fazer disso um poema, exatamente como eu havia contado, e que deveria escrevê-lo sempre com frases curtas, e, caso não rimasse, ele rapidamente me ensinaria a rimar, e, assim, ele saiu e fechou a porta, e atrás dela ele gritou: "Não saias antes que tenhas completado um poema!". – Fiquei ali – com a cabeça inteiramente perdida. – Não pensei em escrever. – Mas pensei no versificar, como é estranho. – Como há no próprio sentimento [Gefühl] um elã que é quebrado através do verso. – Sim, como a rima é, muitas vezes, como que um injurioso grilhão para o leve sopro no espírito. Corrija-me se estiver errada, mas não é verossímil que a rima e a métrica influenciem de tal modo os pensamentos originais a ponto de falsificá-los? – Acima de tudo, o que mais toca a alma é a música, algo que há muito tempo já experimentei em mim mesma; pois nada pode tocar mais os sentidos e, com isso, a alma do que a música; o que

11. Construção ornamental dos jardins clássicos, composta, normalmente, por arcadas de inspiração greco-romana e árvores frutíferas como laranjeiras, de onde deriva seu nome.

te move produz som, que desperta seus harmônicos, que fazem vibrar, multiplicado e por toda parte, o eco, que desperta toda a harmonia – e entre essas coisas vagueia o pensamento, e escolhe para si sua melodia, como também através dela se revela o espírito. – Parece-me o modo como o pensamento se casa com o espírito. Então posso bem pensar que o ritmo tem uma ligação orgânica com o pensamento, e que o breve conceito de espírito humano, guiado pelo ritmo, aprende a conceber o pensamento em sua forma [Gestalt] mais gloriosa, e que ele aí ilumina o sentido profundo, e, como o ardor espiritual se encaixa no ritmo, ele é concebido de maneira gradualmente mais pura, e que, assim, a filosofia aparece como a mais elevada poesia espiritual, como revelação, como perpétuo desenvolvimento do espírito e, com isso, como religião. Pois de que me adianta religião, se ela permanece estagnada? – Mas não como tu dizes, que a filosofia deve se tornar poesia no final; não, parece-me que ela deve ser ou é a flor, a mais pura, mais espontânea, a mais surpreendente poesia em todo pensamento; a linguagem divina eternamente renovada está na alma. –

Deus é poesia, nada além disso, e os seres humanos o transmitem em uma linguagem morta, que nenhum homem inculto compreende e para a qual o homem culto não tem outra utilidade além de sua vaidade. – Pois é assim que a obra humana, em toda parte, prejudica o espírito vital, em tudo e em toda arte, [é assim que] a inspiração pela qual os seres humanos apreendem o divino está separada deles – e tenho de me fazer entender brevemente, do contrário gostaria de refletir um pouco melhor.

O contato entre Deus e a alma é a música, o pensamento é a flor da onipresença do espírito, como a melodia é a flor da harmonia.

Tudo o que se revela ao espírito humano é melodia sustentada pela onipresença do espírito, é poesia divina. Se nela se descobre o sentimento, se ela germina com o sol do espírito, experimentando, sentindo, chamo isso de amor. Se forma-se nela o espírito, se torna-se flor da poesia de Deus, chamo isso de filosofia. Quero dizer que não podemos apreender a filosofia antes que a flor cresça em nós. E somente Deus é a onipresença, a harmonia da sabedoria. – Ah, não teria desejado dizer isso tudo, e, quando quero pensar, a cabeça me queima, o coração me bate forte demais para que eu possa ser clara. Queria falar sobre rimas.

As rimas me parecem mesquinhas quando as devo construir; sempre penso: ah, o pensamento não quer absolutamente ser rimado, ou gostaria de ser levado em outra direção e eu apenas o perturbo; o quanto devo curvar seu galho, que balança alto no ar e absorve todo tipo de vida delicada; de que me importa que ele seja arrumado simetricamente! Gosto de perambular entre as plantas selvagens, onde, aqui e ali, um pássaro mergulha, voando, e docemente me espanta, ou um ramo me roça a testa, e me desperta o pensamento, onde antigas liras me adormecem. –

Não é, talvez, a própria alma do pensamento o ritmo que guia os sentidos, e não o devemos [portanto] prossegui-lo? Em suma, nada surgiu do meu poema; como poderia estragar nossa noite enfeitada de flores de laranjeira, nossa sagrada solidão, aquilo que, em cada minuto passado, expressava aquele sentimento que antes denominei poesia divina, sentimento de sabedoria. – Não, não queria embaralhar um crepúsculo tão doce com algumas sombras isoladas de pensamento. Deixa-o anoitecer ou se evaporar; mas não enfia dentro de versos de coração apertado aquilo que empurra para o alto tão delicados galhos; deixa-o florescer até que murche; tu vês, faço-me essas poéticas insignificâncias (monstruosidades) simplesmente em relação a mim mesma; eu amo a poesia, ela me preenche com a tua inspiração e a dos outros, mas não com a minha.

Quando *Clemens* me libertou da prisão, tinha colocado em rimas a estória da velha senhora Hoch, do bobo da corte que ensinou seu rei a pescar, e que jogava a rede sobre o rei e o empurrava para a água e dizia que os bobos capturavam os peixes assim, mas que nenhum iria pegar um rei na rede. No teatro de marionetes, *Clemens* era de um humor beatífico, chistes transbordavam dele, como se um espetáculo de fogos de artifício tivesse se inflamado em seu bolso; a todo momento subia um rojão até que a peça de marionetes se impôs sobre ele, e ele não pôde mais ser chistoso diante das risadas.

Ontem, andamos pelo Judengasse;[12] tantas figuras estranhas apareciam e desapareciam que se deve acreditar em fantasmas; já estava no crepúsculo e implorei para irmos para casa, e Clemens falava o tempo todo: olha isso, olha aquilo, olha lá como aquele se veste, era como se eles corressem atrás de mim; fiquei muito contente quando chegamos a casa.

Fica bem, não estou segura quando não estás lá onde posso relaxar, onde posso entrar em contato comigo mesma; é tão estranho. –

Bettine.

12. Em Frankfurt, o Judengasse constituiu um dos primeiros guetos judaicos da Alemanha. Ele foi parcialmente destruído com as guerras napoleônicas.

Henriette Herz

(1764-1847)

[Henriette Herz] Henriette Julie de Lemos é considerada a fundadora do primeiro salão literário de Berlim, no início da década de 1780. Nascida em 5 de setembro de 1764 em uma abastada família judia esclarecida, que lhe proporcionou uma educação ampla, demonstrou sempre grande interesse pelos estudos – em particular pelas aulas de grego e latim. Casa-se em 1779 com o médico Marcus Herz, que passa a dar-lhe aulas privadas sobre a filosofia de Kant – com quem mantinha uma conhecida correspondência – e sobre a física experimental. Henriette frequentava as aulas do marido, mas logo desenvolveu um outro círculo de intelectuais ao seu redor, que contava com os irmãos von Humboldt, Friedrich Schleiermacher, Madame de Staël, Friedrich Schiller e muitos outros. Torna-se amiga íntima e confidente de Schleiermacher, a ponto de ele ser considerado seu amante e ter recebido o apelido de *guarda-chuva da madame Herz*. Com a invasão dos exércitos napoleônicos na Alemanha, sua situação financeira a obriga a abandonar os salões e a encontrar um trabalho como governanta e tutora. Viúva em 1803, viaja por longos anos entre a Alemanha e a Áustria até converter-se ao protestantismo em 1817. Após morar na Itália por um tempo, retorna à Alemanha, onde passa a viver de uma pensão recebida do imperador Friedrich Wilhelm IV, que havia frequentado seus salões quando jovem, e aí falece em 22 de outubro de 1847. Escreveu um grande número de cartas – que acabou queimando ao final de sua vida – e ao menos três romances, que abandonou após terem sido criticados por Dorothea von Schlegel. Suas memórias foram publicadas postumamente, em 1850, e constituem uma fonte significativa no que concerne ao romantismo de Berlim.

1.

Schleiermacher[1]

(1850)

Conheci Schleiermacher a primeira vez por volta de 1794, quando ele ainda estava empregado no seminário pedagógico que existia sob a direção de Gedike.[2] Foi o conde Alexander Dohna[3] quem o apresentou a mim. Mas o primeiro contato foi apenas breve, pois logo ele seguiu para Landsberg an der Warthe[4] como pregador auxiliar, onde ficou por cerca de dois anos. Logo após seu retorno de lá, no ano de 1796, nossa ligação se tornou mais forte. Schleiermacher era, na época, pregador na Charité[5] e também morou no prédio da Charité, cujo entorno ainda estava por construir, deserto, sem pavimentação mesmo. Ainda assim, quase toda noite ele vinha até nossa casa, e na época morávamos na nova Friedrichstrasse, perto da Konigstrasse. Nas noites de inverno, o caminho que ele fazia até nós, mais particularmente a volta, não era

1. In: *Herz*, p. 155-163. Décimo primeiro capítulo do livro *Henriette Herz: Ihr Leben und ihre Erinnerungen* [*Henriette Herz: sua vida e suas lembranças*], editado por Joseph Fürst em 1850 (ou seja, cerca de três anos após sua morte) a partir das conversas, cartas, diários e anotações desta última. Não existe atualmente nenhuma edição crítica integral deste texto na qual se possa cotejar a edição de Fürst com os manuscritos autógrafos de Henriette Herz.

2. Entre 1793 e 1794, Friedrich Schleiermacher ministrou, junto com Friedrich Gedike (1754-1803), uma série de cursos no seminário pedagógico que este último dirigia em Berlim. Durante esse período, Schleiermacher ficou conhecido por suas pregações.

3. Entre 1790 e 1793, Schleiermacher havia sido *tutor particular* [*Hauslehrer*] na família Dohna-Scholbitten. Friedrich Alexander, conde de Dohna-Scholbitten (1741-1810), era um de seus alunos e manteve com ele uma amizade mais duradoura.

4. Entre 1794 e 1796, Schleiermacher assumiu o posto de pregador auxiliar em Landsberg an der Warthe, onde adquiriu uma reputação como pregador ainda maior que em Berlim, para onde retornaria ao final desse período.

5. De 1796 a 1802, Schleiermacher foi pregador na faculdade de medicina de Berlim, nomeada desde 1727 como Charité.

livre de obstáculos. Mas ele ficou ainda maior e com mais obstáculos e, nas noites de inverno, até mesmo perigoso quando Schleiermacher, durante uma reforma na Charité, mudou-se para um apartamento na atual Oranienburger Chausee, na época, uma estrada mal iluminada à noite, na qual havia apenas algumas casas bem distantes umas das outras. De todo modo, àquela altura ele já havia se associado ao meu marido e a mim, e soube, por sua parte, se tornar amigo de modo tão sincero que, por causa disso, nada o impedia de suas visitas diárias noturnas. Em nossa preocupação com ele, lhe concedíamos uma pequena lanterna, colocada de tal modo que ele pudesse enganchá-la na casa do botão de seu paletó, e, assim arrumado, saía o pequeno homem toda noite de inverno de nossa casa, quando já não vinha assim.

As conversas, então, ainda não eram sobre a celebridade ou a reputação de Schleiermacher. Sua atividade literária começara já naquela época, na medida em que ele traduzia pregações do inglês; mas esse tipo de tradução não era próprio para lhe ajudar a ter um nome. Contudo, posso dizer que tanto meu marido quanto eu muito cedo reconhecemos seu significado.

Quando Friedrich Schlegel veio para Berlim,[6] apressei-me em apresentá-lo a Schleiermacher, convencida de que uma relação mais próxima poderia ser benéfica para ambos. Também Schlegel logo percebeu que tesouro estava guardado no espírito do pequeno corpo de seu novo amigo, pois o vínculo em pouco tempo se tornou estreito. Schlegel e eu, desde então, logo não o chamávamos senão de nosso bijou.[7] Fomos nós, também, que primeiro o encorajamos a se apresentar como escritor autônomo, ao insistirmos para que ele desse uma

6. Friedrich Schlegel veio de Jena para Berlim em meados de 1797 e aí ficaria até agosto de 1799, quando retornaria para Jena. Nesse período, Schlegel conheceu uma boa parte dos autores que colaborariam em sua revista *Athenäum* e outros, como Tieck, que fariam parte do círculo mais amplo dos românticos. Mas foi com Schleiermacher que ele mais se identificou, e uma forte amizade se produziu entre os dois logo após serem apresentados por Marcus Herz – marido de Henriette Herz – durante uma reunião da famosa *Mittwochgesellschaft* [*Sociedade da quarta-feira*], grupo de pensadores iluministas que existiu entre 1783 e 1798.

7. Em francês, no original: *joia*.

contribuição à "Athenäum",[8] editada pelos irmãos Schlegel. Esse foi o primeiro trabalho original dele que apareceu publicado. – Logo, no verão de 1798, se deu o primeiro acordo entre ele e Friedrich Schlegel em relação à tradução do "Platão", que terminou sem a colaboração de Schlegel. Mas ela estava muito pouco adiantada, em grande medida por culpa de Schlegel, quando Schleiermacher deixou Berlim no ano de 1802 em direção a Stolpe,[9] como capelão. Desde então, Schlegel o deixou inteiramente em apuros, de modo que ele se decidiu a continuar a obra, não sem conflito e hesitação. Assim, o primeiro volume pôde aparecer no ano de 1804.[10] –

A primeira grande e independente obra de Schleiermacher foram os "Discursos sobre a religião".[11] Ele a escreveu em Potsdam, certamente entre meados de fevereiro e meados de abril de 1799. Nós nos correspondemos quase diariamente durante sua estadia aí, que durou até maio, e enquanto ele escrevia os "Discursos", em quase toda carta ele dava conta do progresso da obra, e também me enviava sempre cada discurso pronto,[12] que eu, então, comumente compartilhava com Friedrich Schlegel e nossa amiga em comum, Dorothea Veit, antes que

8. Schleiermacher colaborou com alguns fragmentos na coletânea publicada no primeiro volume, primeiro tomo, da *Athenäum*, em 1798. Até o fim da revista, em 1800, resenhou em suas páginas obras de Garve, Fichte e Kant.

9. Em 1802, Schleiermacher partiu para Stolpe, onde ocuparia até 1804 a posição de capelão da igreja reformada da cidade. Em 1804, se mudaria para Halle, onde seria professor de teologia na universidade até 1807, quando a instituição foi fechada por Napoleão.

10. Nesse período, Schleiermacher traduziu vários diálogos de Platão (*Fedro*, *Lísias*, *Protágoras*, *Laques*), publicados em 1804. Suas traduções, bem como seus estudos sobre a filosofia platônica, tornaram-se conhecidos e perpetuaram sua fama como exegeta bem depois desse período. Além disso, impuseram-lhe a necessidade de refletir sobre o sentido da tradução, resultando em uma posição que pode ser lida como a versão romântica de uma *hermenêutica da compreensão textual*.

11. *Über die Religion. Reden an die Gebildeten unter ihren Verächtern* [*Sobre a religião. Discursos para os homens cultos entre seus detratores*], publicada anonimamente em 1799 e, desde 1801, sob seu próprio nome. Muitas cartas trocadas entre Henriette Herz e Schleiermacher durante a redação desse texto atestam a apreensão de seu autor com a possível recepção que teria a partir dele.

12. A obra de Schleiermacher é constituída de cinco discursos.

ele fosse para a censura e para a impressão. Também, segundo sua vontade, lhe dizíamos, sempre sinceramente, se fosse o caso, nossa visão sobre as partes completadas da obra, sem que, contudo, ela produzisse alguma alteração onde, aqui e ali, era divergente da sua, já que ele estava seguro, antes de dar seguimento à obra; e somente tiveram lugar as alterações que a execução da obra de modo geral impõe a todo autor com a pena na mão, quase necessariamente, quanto aos detalhes; mas também sobre essas ele nos dava conta.

Em geral, sua correspondência comigo se acumula do ano de 1798 a 1804, um tempo de maior atividade de Schleiermacher, interna e externamente, talvez mesmo seu período propriamente de desenvolvimento, o mais vivo testemunho do espírito e do ânimo do excelente homem. Morávamos em Berlim [para] nos vermos diariamente e fomos separados; então, tivemos de substituir o tanto quanto possível nossa interação oral pela comunicação epistolar. Assim, nessa época, ele estava frequentemente ausente de Berlim por mais tempo, como capelão em Stolpe nos dois outros anos, e, por outro lado, quando ele esteve em Berlim, precisei ir para o interior na maior parte do verão; daí a ocasião para várias cartas. E o ímpeto de se comunicar com amigos, de se devotar mesmo a eles inteiramente, até penetrar a menor dobra dos sentidos e do coração, era poderoso nele. Os sinais de vida e de amor de seus amigos eram-lhe mesmo tão necessários, e eu me conto entre eles, que, uma vez que estava convencido de sua amizade, ele os colocava acima do mérito. Um trecho de uma carta dele para mim – como, quase sempre, apesar do sentimento profundo, não [era] sem a mistura de seu humor típico – caracteriza completamente o homem nas mencionadas relações. "Ah, amor" – diz aí – "fazei-me o bem e escrevei-me logo. É isso que minha vida tem de alcançar, o que simplesmente não pode se dar na solidão. Sou, verdadeiramente, o mais dependente e mais submisso ser sobre a terra, chego mesmo a duvidar se sou um indivíduo. Projeto todas as minhas raízes e folhas em direção ao amor; preciso imediatamente tocá-lo, e, se não o posso absorver em mim ao máximo, fico logo seco e murcho. Essa é minha natureza mais íntima, não há meio contra ela, e, também, não quero nenhum".

Assim era o homem que ocasionalmente era acusado de falta de amor, simplesmente porque usava, às vezes, a forma da ironia em sua polêmica, lá onde nada lhe parecia mais adequado e enfático. Certamente essa ironia tocava de modo desagradável também a pessoa do adversário, apesar de ser dirigida somente contra as coisas, mas também não teria, muito menos, ocorrido com outra forma, se tivesse sido o caso.

É concebível que pessoas que interagiram tanto umas com as outras, como Schleiermacher e eu, também sejam, às vezes, vistas umas com as outras fora de casa. E esse contraste entre mim, muito alta, e na época ainda uma mulher bastante rechonchuda, e o pequeno e magro, não muito robusto, Schleiermacher pode ter sido cômico. Pois então, o chiste berlinense chegou ao ponto de fazer de nós uma caricatura, uma que, nesse tempo, raramente excedia explicitamente a sátira. Eu passeava com Schleiermacher enquanto o segurava literalmente pela mão como uma sombrinha, um pequeno guarda-chuva dobrável, do tipo usado na época, enquanto tirava da bolsa e lhe mostrava uma tal sombrinha em pequeno formato. Essa caricatura não nos ficou escondida, e creio que ninguém em Berlim riu mais dela que Schleiermacher e eu, pois seu chiste era especialmente bem fácil.

Também não faltou às pessoas que conheciam a intimidade de nossa relação supor um outro sentimento além da amizade em nós. Isso foi um erro. Não se pode falar com ninguém de modo mais direto sobre a relação mútua que com Schleiermacher; esse era mesmo exatamente o seu esforço, de se pôr às claras a si mesmo e aos outros nesse sentido, para, assim, não macular uma relação, sob esse aspecto, com nenhuma decepção, para que a que existia na realidade fosse bela e, somente ela, apropriada.

Assim também nos dissemos, portanto, de vez em quando, que não tínhamos nenhum sentimento um pelo outro, e não poderíamos ter, além da amizade, apesar de a mais íntima, e, por incrível mesmo que possa parecer, colocamos por escrito os motivos que impediam que nossa relação pudesse ser outra. –

O temperamento intrinsecamente grandioso e bom de Schleiermacher era a razão pela qual ele, por mais que uma conversa espirituosamente empreendida lhe alegrasse tanto em particular, também gostava muito, apesar disso, de conviver com pessoas que não estavam à mesma altura espiritual que ele, que nem mesmo fossem distintamente espirituais, pois já a mera receptividade o atraía o mais poderosamente. Por isso, suas relações sociais eram também tão amplas, e lhe tomavam tanto tempo, e talvez até carreguem sozinhas a culpa de ele não ter preparado algumas lições para impressão. Então, dificilmente ele podia trabalhar no tempo que lhe aprouvesse, e estava sempre bastante cheio de trabalho, além de tudo ser feito do modo mais fácil e mais ligeiro, mas, exatamente por isso, ele pensava ter ainda mais tempo para o resto do que tinha de fato. Às vezes, bastava ele rejeitar um convite para que logo visse muitas pessoas em sua casa. Mas certamente ele podia se colocar diante da escrivaninha imediatamente após o mais rico e alegre banquete ou jantar, e frequentemente após jantares até tarde da noite, e, em um instante, estava no meio da mais profunda especulação. – Se tinha que pregar no dia seguinte, ele se arrumava, e quando tinha companhia na sala de estar, ficava cerca de quinze minutos perto do forno e permanecia pensativo, com olhar perdido. Seus amigos mais próximos sabiam que ele, então, pensava em seu sermão e o deixavam em paz. Logo, ele estava de volta no meio da conversa. Ele gostava de anotar a lápis em qualquer papelzinho algumas observações; isso era, entretanto, tudo que escrevia antes de um sermão. E, depois de uma preparação aparentemente breve como essa, muitas vezes o ouvi fazer, na manhã seguinte, o mais inspirador e emocionante sermão.

Nunca houve, em geral, um ser humano cujo espírito tivesse exercido um poder semelhante sobre sua natureza física como o seu. Ainda no leito de morte, e com a certeza de que tinha apenas mais algumas horas de vida, contava sobre sua condição interna – abençoada – em parte, também, na intenção declarada de revelar aos seus amados que não sofria tanto quanto poderia parecer. A história de seus últimos dias, como a escreveu sua viúva,[13] nos dá a mais sublime imagem de um grande ser humano, amável até os últimos suspiros, autoconsciente, brilhante e satisfeito consigo mesmo.

13. Henriette Willich (1788-1840), mais tarde, Henriette Schleiermacher, com quem Friedrich havia se casado em 1809, escrevera um texto contando os últimos momentos de seu marido, intitulado "Aus Schleiermachers Leben. Die letzten Tage und Stunden Schleiermacher's" [Da vida de Schleiermacher. Os últimos dias e horas de Schleiermacher]. Como ele só foi publicado em 1851, presume-se que Henriette Herz tivera conhecimento dele bem antes disso, através da própria autora, de quem era há muito tempo amiga e com quem se correspondia – ou então que se trata de um acréscimo do editor Joseph Fürst.

Posfácio

Uma outra deriva:
sobre a filosofia da escrita feminina no romantismo alemão

Fabiano Lemos

(you will need
to remember this when you're accused of destruction)
Audre Lorde, *From each of you.*

I. A ilegibilidade como prática de leitura

Em se tratando da filosofia do romantismo alemão, o primeiro aspecto a colocar o leitor interessado em uma situação embaraçosa é a relativamente escassa – embora ocasionalmente rigorosa e sugestiva – bibliografia sobre a questão. Elementos histórico-sociológicos já foram utilizados na explicação dessa ausência, mas em geral de forma pouco convincente. Já se falou da desconfiança gerada tardiamente pela apropriação totalitária dos aspectos nacionalistas dos românticos (cf. Klausnitzer, 2008, p. 571), e não é muito difícil nos sentirmos incomodados com a predileção declarada de Hitler por Hölderlin, fundada numa suposta comunhão com a cultura anti-iluminista de um povo único, de uma raça única, do Um, enfim (cf. Burkhard, 2014, p. 177-ss). Mas sabemos como nada disso foi suficiente para deter o desenvolvimento das pesquisas em torno de Nietzsche ou Heidegger, que estiveram, involuntária ou voluntariamente, implicados nessa paisagem totalitária. Não há recursos suficientes para explicarmos a resistência dos ideólogos nazistas a uma figura tão central quanto Friedrich Schlegel, que Carl Schmitt não podia enxergar senão como um teórico político fracassado (cf. Schmitt, 1925, p. 54-57). Nem a história, nem a sociologia da leitura filosófica parecem resolver, portanto, o segredo desse silêncio. Mas isso é apenas parte do problema.

Afinal, como falar de um *combate* que se demora em sua própria performance, sem aresta tangível, zombando do falso poder normatizador da narrativa e da expectativa da compreensão? Como *entrar* em algo cuja forma, paradoxalmente, é, para utilizar um termo que Lacoue-Labarthe e Nancy (1978, p. 80) tomam de empréstimo de Blanchot para falar do romantismo, um *desobramento* [*désoeuvrement*]? Não é meramente circunstancial que uma leitura especializada dos temas românticos – de seus aparelhos epistêmicos e paradigmas discursivos – deva voltar continuamente a esse momento em que é preciso dar um passo inicial em sua direção, já que, de uma forma ou de outra, a complexa instabilidade desse gesto constitui um problema que atravessa seus textos de uma ponta a outra. A ilegibilidade é, assim, o signo recorrente de uma situação duplamente equívoca: ela surge como o efeito da dificuldade das narrativas hegemônicas da história intelectual em integrarem a filosofia do romantismo e de lhe produzirem uma imagem, mas também como um procedimento eletivo que seus autores procuraram explorar até o paroxismo na manipulação de seus próprios conceitos e de sua própria linguagem. São essas duas dimensões que se entrecruzam quando Friedrich Schlegel escreve a seu irmão August em 1º de dezembro de 1797: "Não posso te dar bem minha explicação da palavra romântico, pois ela tem 2000 páginas" (*KFSA* XXIV, p. 53).[1]

As dificuldades com a dissolução da unidade narrativa se multiplicam, ainda, na ruptura com a estabilização das identidades, que são continuamente confrontadas pelos românticos a partir de recursos que compõem o que poderíamos chamar de um conjunto de práticas de *deriva ontológica*, que, afinal, instituem o *ilegível* como *a priori* da

1. No original, "125 Bogen". *Bogen* são os *folios* que compõem um livro e que, dependendo do tamanho, podem ser dobrados, formando uma certa quantidade de páginas. O número 2000 foi obtido em se pensando no modelo in-oitavo, o mais comum à época, em que cada *folio* resultava em 16 páginas. Para uma lista das abreviaturas utilizadas aqui, consultar a seção após o sumário.

leitura. Talvez fosse possível assinalar os efeitos desse conjunto ao menos em três níveis, que respondem aos modelos restritivos de três problemas gerais da literatura e da filosofia, embaralhando-os: o *gênero narrativo*, o *tema* e a *assinatura*.

Em primeiro lugar, não é difícil notar o esforço dos textos românticos para perverter ou contornar os paradigmas clássicos da dimensão narrativa da escrita. Mimese, clareza, simplicidade, integridade, autenticidade e delimitação, que orientam os interesses estéticos da época de Goethe e Schiller – mas também de Lessing e Kant –, são, um a um, dissolvidos a partir da suspensão das unidades reguladoras que os sustentavam. Nessa direção, já se assinalou o caráter inovador da política editorial da revista *Athenäum*, que, ao longo de seus seis volumes, publicados entre 1798 e 1800, se instituiu como o principal órgão de divulgação das ideias do romantismo de Jena.[2] Reverberando a imensa variedade de formas e gêneros aí encontrados – muitas vezes em um único texto, como é o caso do *Gespräch über die Poesie* [*Conversa sobre a poesia*] (1800), de Friedrich Schlegel –, o exercício de uma nova forma de anonimato, que resultava em séries de fragmentos, ensaios, diálogos e resenhas compostos por várias mãos ao mesmo tempo, manifestava o mais frontal ataque à forma-autor que havia configurado até então o espaço filosófico, científico e literário da modernidade germânica. Mesmo sob a forma do anonimato clássico, a univocidade da escrita sempre se reconheceu (ou se intencionou reconhecer) pelo índice do estilo, e apenas relativamente se rasurava o nome de um autor, que continuava dando pistas de si, autorizado a permanecer secretamente idêntico a si mesmo. De modo complementar, a escolha do fragmento como estrutura narrativa privilegiada erguia a ruína, imagem da situação na qual muitos textos da Antiguidade se encontravam apenas acidentalmente, a um novo *princípio* de criação. Também aqui Friedrich Schlegel parece ter sido quem mais procurou

2. Para uma história detalhada da revista, cf. Behler, 1983, p. 5-64. Para um debate acerca dos pressupostos narrativos e epistêmicos da *Athenäum* como projeto, cf. Orosz, 2004, p. 52-65; Lacoue-Labarthe & Nancy, 1978, p. 57-80; e Blanchot, 1969, p. 515-527.

conceituar – de inúmeras e contraditórias maneiras – esse dispositivo de imbricamento entre completude e incompletude, acidente e necessidade, contingência e estilização. Sua fórmula, segundo a qual "um fragmento é um pensamento autodeterminado e autodeterminante" (*KFSA* XVIII, p. 305), se expressa como antítese dos pressupostos da recém-criada filologia, que pretendia suplantar as lacunas internas dos textos sobreviventes da tradição clássica com uma visão sistemática de suas determinações externas, históricas e linguísticas. Não é de se espantar que, para Schlegel, que também se ocupou continuamente do estudo da filologia clássica, o objeto dessa ciência não fosse apenas o texto, mas ela mesma – é sintomático que se fale aqui de "filosofia da filosofia da filologia ou filosofia da filologia da filologia" (*KFSA* XVI, p. 76), e que a autodeterminação não se organiza em torno de uma identidade, pois ela exige ao mesmo tempo a autossupressão: "A filologia absoluta, completa, cessaria de ser filologia. *Ela se aniquila*" (*KFSA* XVI, p. 48).

No que diz respeito aos temas, a insistência dos românticos em abandonar as fronteiras da antropologia iluminista e a identidade de sua perspectiva terá consequências muito amplas para a própria estratégia de composição experimentada em cada texto. Conhecemos a importância da suspensão dos limites entre vivos e mortos nas ficções de Ludwig Tieck, Benedikte Naubert e E. T. A. Hoffmann, também nos debates acerca da questão em Schelling (em seu diálogo *Clara*, composto provavelmente por volta de 1810) e ainda no tratado publicado por Justinus Kerner em 1829, *Die Seherin von Prevorst. Eröffnungen über das innere Leben des Menschen und über das Hereinragen einer Geisterwelt in die unsere* [*A vidente de Prévost. Revelações sobre a vida interior dos homens e sobre a inserção de um mundo dos espíritos no nosso*]. Do mesmo modo, a figura do *duplo*, que seria elaborada psicanaliticamente no começo do século XX por Otto Rank, desenha uma longa tradição romântica, que vai do protorromantismo da tragédia *Die Zwillinge* [*Os gêmeos*] (1776), de Klinger, à obra de Adalbert von Chamisso, especialmente seu *Peter Schlemihls wundersame Geschichte* [*A história maravilhosa de Peter Schlemihl*] (1814). Muitos outros temas desenvolvidos pelos românticos, enfim, serão dirigidos a esse esboroamento das linhas limítrofes que mantinham firme em seu lugar, até pouco antes, a imagem do homem como fundamento ontológico e epistêmico: teríamos de lembrar ainda dos animais falantes e dos autômatos que se multiplicam em Hoffmann, da poética da androginia no *Lucinde* de Schlegel, da estética da artificialidade no elogio das marionetes em Novalis e Kleist. Em toda parte, o privilégio do humano é solapado por um exercício de crise. Mas o mais significativo para o problema da *leitura* – ou da *introdução à leitura* – do romantismo a partir desses temas é o modo como eles forçam a própria narrativa a se expressar fora dos modelos canônicos de gênero. Não é circunstancial que a instabilidade ontológica dos objetos tematizados nesses textos se espelhe em sua heterogeneidade formal. É o caso das inúmeras narrativas de sonhos escritas por Karoline von Günderrode, que misturam imagens cifradas e conceitos ético-estéticos, sobretudo acerca do tempo.[3] Ou, de modo ainda mais radical, nas *Lebens-Ansichten des Katers Murr* [*Intuições da vida do bichano Murr*] (1819-1821), de Hoffmann, em que o texto continuamente alterna entre as páginas do diário de um gato, que filosofa enquanto narra suas aventuras, e a história do compositor Johannes Kreisler, alter ego de Hoffmann, escrita no verso dessas páginas e inserida aleatoriamente na narrativa felina.

Não resta dúvida de que a questão da totalidade, da unidade e da identidade permanecem um problema para esses autores – e mesmo um *desideratum*. Günderrode é enfática quanto a esse ponto:

3. Por exemplo, no fragmento de sonho escrito entre 1800 e 1806: "Eu atravessava ao lado de Lotte uma bela região; diante de nós havia uma cabana em ruínas, entre o milharal e a pradaria, mas todas as espigas de milho estavam caídas em direção ao chão como se empurradas pelo seu próprio peso. Lotte estava vestida de branco, pálida e volátil; e minha alma estava triste. Os tempos mudam e se aceleram, eu disse: as espécies [Geschlechter] já se vão, e estás tão doente, e logo tu irás também. Ah!, disse ela: não fique triste que as espécies se vão, e que também eu logo me vou. (...)" (*GSW* I, p. 435). Ainda resta ser investigada a reverberação dessa estrutura ambivalente na elaboração de projetos radicais de hermenêutica desde o final do século XX – como é o caso da interpretação dos sonhos, em Freud, ou das mitologias não europeias na antropologia de viés estruturalista.

> (...) quem tiver ouvidos para ouvir, que ouça! Não existem dois, nem três, nem mil; existe apenas um e todos; não há corpo e espírito separados, que pertença um ao tempo, o outro, à eternidade; há apenas Um, pertencente a si mesmo; o tempo e a eternidade são iguais, e o visível, e o invisível, permanecendo em transição, são a vida infinita. [es ist Eins, gehört sich selbst, und ist Zeit und Ewigkeit zugleich, und sichtbar, und unsichtbar, bleibend im Wandel, ein unendliches Leben] (*GSW* I, p. 54).

Mas estamos aqui muito distantes da unidade estática da arquitetônica kantiana, ou mesmo da dinâmica orientada por um princípio sintetizador último de Fichte ou Hegel. A unidade nesse ponto funciona como *fantasmagoria*. Se Friedrich Schlegel pode falar de "uma única indivisível filosofia", não é senão sob a condição de que haja, paradoxalmente, "através dela, infinitos tipos de filosofia" (*KFSA* VIII, p. 60). O mesmo problema é expresso pelo fragmento 74 do *Pólen* de Novalis, em que se trata de conciliar monoteísmo e politeísmo (cf. *W* II, p. 441-445). Não é, portanto, na síntese entre identidade e diferença que a epistemologia romântica se constitui, mas na *tensão irresolvível* entre ambas: como a Olimpia, o autômato indiscernível e assombroso que desencadeia a loucura final de Nathanaël em *Der Sandmann* [*O homem da areia*], de Hoffmann, os duplos, as marionetes e os andróginos do romantismo – mas, no limite, o modo como ele reformulou conceitos como *tempo*, *obra de arte* e *Deus* – funcionam como uma rasura do humano e do idêntico, mas também como sua multiplicação em uma deriva imprevisível. "Vida é diferença" [Leben ist Differenz] (*LBSS* I, p. 13) é a fórmula de Ludwig Börne – mas ela não o impede ao mesmo tempo de pensar aquilo que há de unitário entre os homens, desde que sua expressão não anule sua equivocidade: "A vida é comum a todos os animais, mas somente o ser humano pode morrer", ou "Toda filosofia é filosofia do direito" (*LBSS* I, p. 159 e 163).

À experimentação dos gêneros narrativos e a escolha de temas e conceitos limítrofes acrescenta-se, enfim, um terceiro conjunto de práticas de deriva ontológica que se referem à *assinatura*, ou seja, aos dispositivos através dos quais as autoras e autores românticos pensaram seu *pertencimento* ao movimento. É justo pensar que nenhum projeto literário-filosófico ou epistêmico-político mais amplo configure sua autoimagem de forma completamente hegemônica e deliberada. A disputa em torno do estabelecimento do cânone da Escritura, por exemplo, colocava em jogo, desde o cristianismo primitivo, desde Marcião ou Orígenes, concepções mutuamente excludentes quanto ao que significava ser um cristão, e, portanto, quais os limites de inclusão e exclusão em seu modelo de comunidade. Esquematicamente, este ainda é o tipo de problema levantado pelo debate a respeito da questão sobre o conceito de *Aufklärung*, de modo que, poucos anos antes da emergência do primeiro romantismo, o debate entre Kant, Mendelssohn, Reinhold e outros intelectuais voltava intermitentemente à relação entre *assinatura* e *vocação*. O teólogo Karl Friedrich Bahrdt participou diretamente dessa discussão, e seu *Ueber Pressfreiheit und deren Gränzen* [*Sobre a liberdade de imprensa e seus limites*], de 1787, é exemplar acerca dessa *política da assinatura* que é própria do Iluminismo. De um lado, Bahrdt (1787, p. 158) define o direito universal do homem de "tornar conhecidos seus pensamentos e juízos", bem como se expressar sobre as qualidades e ações dos companheiros de sua espécie [Mitmenschen]; de outro, ele associa essa determinação absoluta a uma outra condição da "tranquilidade de ânimo [Gemüthsruhe]" humana, o direito de ter um "bom nome [gute Nahme]" (p. 164). O copertencimento e a mútua determinação entre a absoluta revelação de si e dos outros e a construção da autoridade da reputação garantem, da perspectiva iluminista, a estabilidade de um quadro mesmo em suas divergências internas.

No caso do romantismo, a dissolução mesma da estrutura de evidência do cânone – e, portanto, da canonicidade como procedimento de legitimação da assinatura – é transformada em prerrogativa de um enquadramento que só pode funcionar destruindo-se e reconstruindo-se continuamente. Onde depositar os nomes de suas autoras e seus autores, esses nomes no limite de se apagarem enquanto autores e autoras? O jovem jacobino Friedrich Schlegel, da Jena de 1800, é o mesmo que carrega este nome quase trinta anos depois, em Viena, convertido ao catolicismo, ao conservadorismo e à misoginia? Pertencem a esse espaço cheio de frestas o nome e a imagem de Hölderlin – antes e depois da loucura, ou durante sua instauração – ou de Schelling? A questão da reputação, que certamente atingia a esfera controlada das mulheres escritoras como um modelo imposto pelo patriarcado, foi, contudo, muitas vezes denunciada por elas – com grande dificuldade e de modo enviesado[4] – na construção de uma imagem de autonomia através de seus romances, e, ocasionalmente, abordada de modo direto, como é o caso de alguns textos de Caroline de La Motte Fouqué:

> Como deveria eu reprovar tuas preocupações, que tantas vezes na vida justificam as convicções e ações contraditórias dos homens; e qual mãe já não foi alguma vez perturbada pelo conflito oscilante no que diz respeito ao que é útil e bom que as mulheres saibam e o que deve ser descartado como sem finalidade para elas? Quem não saberia quão cotidianamente alguns empurram nosso gênero [Geschlecht] na mais restrita domesticidade; outros, que consideram a vocação universal como algo mais elevado que a do tipo [Gattung], nos introduzem no largo domínio dos tesouros do saber, gratuitos e infinitos, e, daí, querem sempre nos forçar na direção das profundezas mais íntimas do misterioso; outros, ainda, contudo, pensam encontrar o correto equilíbrio em um tanto daquele e também um pouco desse

4. Há muitos exemplos de como a tentativa de emancipação política por parte das mulheres resultou em processos difamatórios. No contexto específico do romantismo, enquanto muitos autores puderam – não sem riscos – expressar posições políticas radicais (como era o caso do jovem Friedrich Schlegel em sua simpatia republicanista), o mesmo não se deu para as mulheres. Na década de 1790, tanto Therese Foster-Huber (então Heyne) quanto Caroline Schlegel-Schelling (então Bohmer) estiveram envolvidas no cenário político da cidade de Mainz, onde moravam, tendo ambas sido associadas a uma postura pró-revolucionária, ou seja, jacobina. Em função disso, ambas foram igualmente difamadas através de panfletos públicos e permanentemente consideradas suspeitas de subversão (cf. Meyer, 1999, p. 53).

> misturados um no outro! Tu te sentes atraída por todos os três, e, em todos, requisitada por uma verdade interior (*WuS* VII, p. 9).

Essa experiência de um "duplo eu", como confessa Karoline von Günderrode ao falar de sua escrita epistolar (cf. French, 1989, p. 73-89), representa um dos aspectos mais resistentes a qualquer enquadramento categorial para a história do romantismo – e é, afinal, ela que é expurgada da narrativa hegemônica dessa história. Trata-se de uma cisão intrínseca da economia da assinatura que aparece muitas vezes como mera idiossincrasia retórica, mas que, se analisada em sua seriedade, expressa um desafio novo à filosofia e seus discursos de síntese: substituir a autoidentidade do pensamento consigo mesmo – que Kant identificava na unidade de apercepção sintético-originária na *Analítica Transcendental* (*Ak* III, p. 108) – pela infinitude fragmentária. A prática de escrita encontra-se, desse modo, destinada a repercutir e potencializar sua própria indecidibilidade: Rahel Varnhagen é apenas uma entre os autores românticos que exploram este ponto: "Apesar de o falar e o escrever não ajudarem em absolutamente nada, não se deveria de nenhum modo parar de falar e escrever!" (*Frauenbriefe*, p. 184). É preciso, por fim, sondar a função paradigmática das teses sobre a linguagem apresentadas no *Monolog* [*Monólogo*] (1799), de Novalis: "Há, propriamente, em relação a falar e escrever, uma coisa maluca [eine närrische Sache]; a conversa correta é um mero jogo de palavras. (...) Exatamente o que é próprio da linguagem, que ela se ocupa simplesmente consigo mesma, ninguém sabe" (*W* II, p. 672). A notória obsessão dos autores românticos com o tema da linguagem emana dessa intuição vertiginosa, segundo a qual o falar e o escrever – o que, é claro, não se limita aos homens, pois se pode falar genuinamente da linguagem da natureza ou de Deus sem entender com isso qualquer metáfora – produzem a si mesmos, uma vez que sujeito e objeto são sempre epistemologicamente posteriores à *criação* ela mesma. É graças a essa *mise-en-abyme* da linguagem, que é sempre primeira em relação ao que escreve e ao tema escrito, e que no fundo arrasta continuamente estes dois elementos a um grau de indiscernibilidade quase fatal – pois a contrapartida de tal experiência é o risco da inefabilidade, da fala atropelada e feia[5] – que se institui um procedimento típico do romantismo. É a partir da crise da assinatura, crise igualmente das identidades estilísticas, formais e temáticas que se produzem no interior do quadro iluminista e classicista (mas também em oposição à epopeia do espírito hegeliana), que o romantismo se torna impensável para a grande história categorial da filosofia e da literatura – e isso porque é dessa crise, justamente, que ele deriva suas práticas discursivas.

Pode-se, contudo, assumir tão facilmente que essa descrição da vocação subversiva do romantismo se distribui de forma equânime através de todo seu quadro histórico-social? Ou antes: pode-se efetivamente supor que entre a radical crítica epistemológica e a configuração de um espaço político de reflexão uma mesma linha de tolerância e liberdade costurava um campo de livre expressão? Ao contrário: analisadas de perto, as prerrogativas românticas da crítica às tradições parecem ter deixado intocadas praticamente todas as hierarquizações que caracterizavam o domínio da reflexão filosófico-política como *masculino*. Toda uma série de caracterizações do feminino como *objeto* do masculino, como algo de que os homens podem dispor, é instaurada – certamente o mais belo, o mais puro, o mais selvagem: mas todos esses adjetivos recuperam a mesma lógica do manter-se intocado à espera do olhar ativo dos homens. Novalis, que se esforçou para elaborar, em muitos lugares, sua apologia da artificialidade, parece ter reservado sua admiração ao uso que os homens faziam dela, uma vez que, quanto às mulheres, a questão

5. "Deus é poesia, nada além disso, e os seres humanos o transmitem em uma linguagem morta, que nenhum homem inculto compreende e para a qual o homem culto não tem outra utilidade além de sua vaidade", lamenta Bettina von Arnim (*WuB* I, p. 414). Caroline de La Motte Fouqué reverbera esse perigo, justamente em um artigo de 1814 em que comenta os erros de Madame de Staël ao tentar traduzir para os franceses a cultura germânica que ela havia recentemente divulgado em seu *De l'Allemagne*: "Posso dizer isso em primeiro lugar, já que eu, amando a linguagem em si mesma, sei, por experiência própria, que ninguém se perde nunca absolutamente nela sem alguma hora perder uma parte de sua particularidade" (*WuS* VIII, p. 56).

era compreendida em outro tom: "Terrível habilidade de disfarçar, habilidade de esconder das mulheres em geral" (*W* II, p. 25). Aliás, o mesmo Novalis é signo ilustrativo da ambiguidade violenta do olhar romântico dos homens. Se, de um lado, ele pode promover uma interpretação da filosofia de Fichte de forma a integrar aspectos do que considera próprio do feminino – caracterizando o homem [Mann] "como objeto [als Objekt]" e a mulher [Weib] "como sujeito [als Subjekt]" –, essa aparente concessão não pode senão ser frustrada pela nitidez da misoginia de muitos de seus fragmentos, como, por exemplo, aquele em que se afirma: "quanto mais vividamente o que é devorável [das zu Fressende] resiste, mais vívida será a chama do momento de prazer./ O estupro é o mais forte dos prazeres./ A mulher [Weib] é nosso oxigênio" (*W* II, p. 262).[6] Violência semelhante se exprime em Friedrich Schlegel, que de uma parte afirma que "o espírito é a feminilidade orig[inal]" [Der Geist ist d[as] ursprüngl[ich] Weibliche] (*KFSA* XVIII, p. 193) e, de outra, "que a maioria das mulheres [Frauen] são apenas concubinas" (*KFSA* XIX, p. 213).

Uma leitura detida da situação da escrita feminina no romantismo, de suas estratégias de resistência e dos mecanismos de opressão a que estava submetida, tem o duplo mérito de, por um lado, revelar a ambiguidade fundamental do romantismo alemão como movimento tão crítico dos valores iluministas quanto seu perpetuador, e, de outro, mostrar como justamente na prática de escrita feminina é que vão se desenvolver os procedimentos mais radicais – tanto quanto virtualmente indiscerníveis desde o olhar misógino – da desconstrução da hermenêutica clássica.

6. Para uma discussão detalhada das interpretações do papel do feminino em Novalis, cf. Hodkinson, 2007, p. 24-56. Martha Helfer propõe uma leitura mais positiva da imagem dos gêneros em Novalis (Helfer, 2005, p. 299-319).

II. A mulher barbada

Em dezembro de 1795, uma jovem escritora decide enviar uma carta a um velho filósofo, talvez o mais conhecido e venerado de sua época. Este, sem nenhuma surpresa, era Kant. Já a jovem chamava-se Sophie Mereau, e há pouco tempo havia chocado a sociedade de Jena, não tanto pela publicação de seu *Das Blüthenalter der Empfindung* [*Florada do sentimento*], que havia anonimamente aparecido um ano antes, mas pela liberdade com que dirigia sua vida amorosa (cf. Hannemann, 2005, p. 9-ss). Mereau sondava, através dessa carta, a possibilidade de uma ilustre colaboração para a revista *Die Horen*, dirigida por Schiller e da qual havia recentemente se tornado uma colaboradora. Embora se dirija com notável reverência a Kant e manifeste a compreensão de que o pedido de uma mulher poderia parecer uma intromissão no universo intelectual, naturalizado como masculino, ela faz questão de desafiar o admirável mestre em seus preconceitos, enviando-lhe, não sem ousadia, um exemplar de seu livro anônimo:

> Caso cuideis que valha o esforço de conhecer de mais perto a mulher [Weib] que teve coragem suficiente para precisamente dirigir-se a vós, lede o livro que aqui envio junto. Esse é o único motivo que poderia me levar a apresentar ao grande Kant um produto do espírito cujo defeito eu mesma sinto o mais vividamente (*Ak* XII, p. 689).

Pelo que sabemos, Kant sequer se dignou a responder a essa impetuosa carta, e preferiu dirigir-se, com uma recusa cortês, apenas a Schiller, que havia feito o mesmo convite alguns meses antes (cf. *Ak* XII, p. 10). Podemos apenas especular sobre o que teria levado Kant a esse silêncio, mas não é nada surpreendente notar que, trinta anos antes, nas *Observações sobre o sentimento do belo e do sublime*, ele havia desqualificado ironicamente a imagem da mulher que pretende se inserir no debate filosófico:

> Uma senhorita que tem a cabeça cheia de grego, como a senhora Dacier, ou que queira levar ou que leve adiante fundamentadas disputas, como a Marquesa de Chastelet [Émile du Châtelet], afinal poderia apenas ter uma barba, pois essa, talvez, expressaria ainda mais discernivelmente o semblante de profundidade a que ela se dedica (*Ak* II, p. 229-230).

Uma leitura menos atenta dos textos românticos sugere que, na passagem do século XVIII para o XIX, essa misoginia estava pronta para se tornar uma relíquia. A relativa integração das mulheres nos salões literário-filosóficos – majoritariamente por elas organizados –, bem como a redefinição do feminino como tendo uma natureza própria, até certo ponto incomensurável em relação ao masculino, poderiam nos levar a supor algo da ordem de um progresso da igualdade e da liberdade de gênero. Mas basta olharmos uma segunda vez para as sonoras apologias da feminilidade escritas por homens – o *Lucinde*, que Friedrich Schlegel publicara em 1800, sendo apenas seu exemplo mais óbvio – para percebermos que tal incorporação vem acompanhada de mecanismos de exclusão, tão mais eficazes quanto mais se recobrem de uma mitologia da tolerância. É esse elemento que produz, assim, uma *mitologia do feminino*, pronta para projetar sobre as mulheres a origem mítica do mundo – sem, contudo, lhes atribuir qualquer espaço fora da epopeia da masculinidade. Nesse sentido, a narrativa da conquista da masculinidade concede um papel originário para o feminino sob a condição de que a própria ideia de origem seja circunscrita pela sua função confirmadora do privilégio epistêmico dos homens.

É certo que não estamos exatamente, com as estratégias de ilegibilidade românticas, no registro da misoginia aristotélica com que o século XVIII, incluindo Kant, ainda se ocupava – embora, como veremos adiante, algo fundamental dela ainda se preserve. Mesmo procurando explicações mais sutis que aquelas desenvolvidas pelos hipocráticos para o funcionamento do corpo feminino, Aristóteles acabou por servir para a medicina e para o imaginário zoológico-antropológico do milênio seguinte como matriz de explicação da inferioridade das mulheres. Isso é particularmente notável em sua tese sobre a menstruação, uma vez que, para ele, o sangue menstrual era produzido pelo fato de as mulheres serem mais frias e menores, e, portanto, seu corpo processaria mais lentamente resíduos internos que, no homem, resultavam no líquido espermático, mais facilmente eliminável.[7] Essa representação do corpo feminino como pesado e ao mesmo tempo esponjoso força sua caracterização concomitantemente como *inativo* ou *passivo*. Justifica-se, assim, a sobreposição entre a física e a moral que permite a administração masculina do corpo tutelado da mulher.

Com o romantismo, é algo relativamente novo que se observa: nesse contexto, é fácil notarmos a emergência de um conjunto de textos em quantidade considerável dedicados a conquistar o conceito dessa propriedade, que muito cedo passa a se dominar *o feminino*. Desse modo, segue-se à mitologia da mulher, de suas formas e comportamentos, de sua constituição corporal e de suas astúcias, uma *mitologia da feminilidade*, que se volta não mais para um quadro taxonômico e distributivo do espaço das mulheres, mas para a questão acerca do modo como educá-las, das formas de interação possíveis, dos limites de suas capacidades cognitivas; enfim, essa nova mitologia se pergunta como uma mulher alcança seu próprio ser. Vê-se bem, de partida, que, embora se distancie das prerrogativas de dependência imediata que as passagens mais misóginas de Kant assinalavam, esse novo tipo de questão se alinha ainda ao projeto iluminista de busca pelo próprio do homem – e não é de se espantar que o "próprio da mulher", investigado pelos homens e orientado segundo seus próprios pressupostos epistêmicos e autorrepresentações, não poderia surgir como outra coisa senão um espelhamento daquela primeira pergunta. Nesse sentido específico, o *feminino* emerge como *dispositivo de controle da integração da mulher na história (recente) da humanidade.*

7. Em *De generatione animalium* 726b 26-729a 33. Para uma discussão das teses de Aristóteles sobre a menstruação e seu papel na perpetuação do imaginário medieval e moderno, cf. Dean-Jones, 1989; Preus, 1968; e Thomasset, 1990.

O sentido de *controle* aqui se reveste de uma característica singular, não mais orientada pela medida restritiva da exclusão disjuntiva. Ao contrário, é nos sistemas positivos de regulação das formas de participação das mulheres, dos modelos narrativos e dos limites conceituais que lhes são impostos que se alcança a expressão mais enfática do masculinismo romântico. Sobre este ponto, a leitura de Sigrid Weigel retoma o que há de central no debate sobre a dominação das práticas de escrita feminina no período:

> Os primórdios de uma tradição literária feminina são automanifestações predominantemente impróprias das mulheres no duplo sentido da palavra: manifestações do gênero impróprio, outro, e manifestações impróprias, ou seja, não realmente próprias [nicht wirklich eigene]. O objetivo de uma literatura deslocada das mulheres é, então, alcançável quando se torna possível para as mulheres publicamente dizerem "eu", sem terem de tomar como referência determinações masculinas de seu papel de gênero (Weigel, 1983, p. 87).

Às mulheres do novo século XIX pode-se, talvez – e isso certamente não é uma regra –, permitir o uso público da razão, para usarmos um lugar-comum do kantismo. Mas o conteúdo de suas falas continua a perpetuar a estrutura simbólica que até pouco tempo as silenciava completamente, e que se define por uma subordinação epistêmica, na qual seu papel fundamental é o de fazer-se outro, um outro que nunca varia em seu gênero. A enorme eficácia desse dispositivo consiste em se estabelecer sob a forma de um voluntarismo: é assim que podemos ler os muitos fragmentos que Dorothea Schlegel redigiu, chegando por conta própria à demanda da submissão: "Poderia haver mulheres [Frauen] infelizes por causa da dominação irracional dos homens [unvernünftige Herrschaft der Männer], mas, sem essa dominação, elas estão para sempre perdidas, sem nenhuma exceção" (*Briefwechsel* I, p. 263).

De certo modo, ao controlar o sistema de códigos, o modelo patriarcal da escrita filosófico-literária pode, enfim, renunciar ao primário sistema de exclusão aristotélico-iluminista, dedicando-se não mais a *deter* um campo de saber e liberando-se para *ser* esse campo. No idílio romântico, permite-se às mulheres que venham à frente da cena exprimir seu desejo, confessar as desventuras de seus amores – sob a condição de que esse desejo e esse amor consistam em duplicar a imagem do homem. Bettina von Arnim, que durante sua juventude manteve uma amizade íntima com Karoline von Günderrode, não encontra outro meio para revestir o desejo de fundir-se com sua amiga – ou amada? – longe dos olhos dos homens senão tornar-se, ela mesma, uma prótese masculina. Quase quarenta anos depois do suicídio de Günderode, von Arnim publica *Die Günderrode* (1840), romance epistolar recriado a partir da correspondência real dessas duas jovens, e nele retoma esse desejo que, para falarmos com Weigel, é o da não propriedade:

> Se Clemens não estivesse me esperando aqui, teria gostado de ficar contigo no Rheingau, Franz [Brentano, seu irmão mais velho] teria bem permitido, pensei nisso várias vezes; como seria lindo olhar ao redor em lugares onde – em toda parte – nenhum outro ser humano [Menschen] tivesse adentrado – muitas vezes, um lugarzinho encoberto, que ninguém conhece, é o mais belo do mundo. – Digo-te que teríamos descoberto pequenas fontes no fundo da relva e das rochas, e pequenas cabanas isoladas na floresta, e talvez, também, pequenas cavernas – gosto muito de perscrutar a natureza, passo a passo. Penso que nos encontraríamos, enquanto isso, em um lugar onde poderíamos construir nossa cabana – tu, completamente ao livre, no alto da montanha, e eu no vale, onde as ervas crescem alto e tudo é secreto, ou então na floresta, mas bem próximas, para que pudéssemos nos chamar. Tu me chamas com um megafone: "Bettine, venha cá!", e então eu vou, e o canário vai na frente, pois ele já sabe para onde vai, e o cão vai farejando, pois no vale deve-se ter um cão. Escuta! – E na primavera tomaríamos nossos bastões e andaríamos a

> esmo, pois seríamos como eremitas e não diríamos que éramos moças [Mädchen]. Tens de fazer para ti uma barba falsa, já que és alta, pois de outro modo ninguém acreditaria; mas apenas uma pequena, que te caia bem, e eu, como sou pequena, sou como que teu irmão menor, mas para isso tenho de cortar meu cabelo. – Fazemos uma viagem na primavera, durante a floração de maio, mas então esquecemos das frutas silvestres! Pois no vale, tudo estaria coberto, primeiro com violetas, depois, com morangos, com os quais poderíamos viver seis semanas; não plantamos repolho. – No outono estamos de novo lá e comemos as uvas, ah! Se isso pudesse ser verdade por apenas um verão! – Parece-me que se pode querer viver assim para todo o sempre. Pois toda sabedoria verdadeiramente flui do teu olhar até mim, tenho mais do que o suficiente no que se pronuncia em mim quando te vejo ou mesmo quando tu apenas permaneces em silêncio; se, no entanto, tu falas, és um grande mistério, embora revelado; durmo na tua presença, teu espírito me adormece, e, então, sonho que desperto e que sinto tudo apenas come se estivesse num sonho, e isso é bom; pois se fosse diferente, estaria confusa [würd[e] ich verwirrt sein] (*WuB* I, p. 412-413).

Que o dispositivo de masculinização ressurja aqui desde a perspectiva do desejo feminino é um ponto que impõe inúmeras dificuldades. Parece, por um lado, inequívoca a exigência do disfarce, mas pode-se daí concluir que nela nenhuma força de resistência se tornaria viável? Estaríamos mesmo tão prontamente dispostos a imaginar que a prática de escrita feminina tenha se reduzido ao seu estado de submissão? Que um sistema normativo seja eficiente ao ponto de, a um só tempo, liberar (relativamente) o espaço de circulação dos discursos e definir os termos em que esse espaço pode ser simbolizado e conceituado não quer dizer que estratégias de enfrentamento não tenham se desenvolvido em seu interior mesmo, quase inassinaláveis desde a perspectiva dos homens. Assim, é notável que o que os românticos chamavam de *sinfilosofia*, esse exercício de não assinatura das obras, às mulheres se apresentava de modo desigual, já que, na maior parte dos casos, elas não poderiam, de qualquer forma, *optar* por sustentar seus nomes em uma assinatura. Mas também é possível reconhecer nessa incorporação do código masculinista um ofício de paródia e de indiscernibilidade que, não poucas vezes, embaralhou o vocabulário misógino do romantismo. A essa possibilidade de uma submissão irônica e de uma subversão intrínseca dos códigos no sentido de uma indiscernibilidade, Weigel chamou de "mascaramento" [Maskierung] (Weigel, 1983, p. 93).

Sob esse aspecto, muitos dos fragmentos privados de Dorothea Schlegel formam uma espécie de teoria romântica do mascaramento. Ao refletir sobre a filosofia de Herder, Dorothea está atenta a essa tensão: "Não tem Herder que falar muitas coisas não masculinas [unmännliches] para não falar de coisas femininas [weibliches]?" (*Briefwechsel* I, p. 259). Ao mesmo tempo, quando expressa seu desejo de tomar para si a palavra que lhe é constantemente ameaçada por seus inimigos, fala de "me tornar senhor [Herr] dela" (*Briefwechsel* I, p. 123). É sintomático que o termo *senhor* seja usado aqui, ou seja, que um substantivo masculino – *Herr*, e não *Herrin* – seja solicitado por uma autora para definir um ideal de comportamento. Computadas todas essas observações, não é difícil entender que o conservadorismo de Dorothea é, ao menos em um ponto, fundamentalmente diferente do dos outros românticos: sua luminosa honestidade coincide com a autoelaboração de um apagamento. Afinal, "é muito esperto da parte das mulheres [Frauen] quando ocultam a influência que têm sobre seus maridos [Männer] não somente deles, mas, também, de todos os outros seres humanos [Menschen]; é ainda mais esperto quando elas parecem não saber elas mesmas nada disso; mas é verdadeiramente nobre e de acordo com a piedade divina quando elas realmente não sabem nada disso" (*Briefwechsel* I, p. 255).

Há, portanto, uma barba postiça colada ao rosto das mulheres para que os homens reconheçam no que se esconde por trás dela seu próprio conceito de beleza. Mas há, igualmente, um rosto postiço que a escrita feminina romântica, em seus momentos mais experimentais, produziu por sob uma barba real para desviar o olhar desses homens.

É mais uma vez Weigel quem define uma fórmula para qualificar uma abordagem histórico-conceitual capaz de apreender a concomitância desses dois elementos: trata-se de consolidar um "olhar estrábico" para que se enxergue, nessa espécie de anamorfose, a situação peculiar da via feminina do romantismo alemão.

III. Putas, mães e ventríloquas

Foi com certo escândalo que a publicação de *Lucinde*, de Friedrich Schlegel, alcançou, em 1800, seu público. Escrito segundo a lógica da confusão estimulada sobretudo pelo próprio Schlegel e por Novalis – que se leia a esse respeito a apologia de homem confuso no *Pólen* deste último (*W* II, p. 433-435) –, o livro desafiou as sensibilidades ainda kantianas de seus contemporâneos ao empreender uma escrita que parecia misturar a perspectiva de um personagem masculino (Julius) e um feminino (sua amante Lucinde), na história bastante experimental de um amor marcado pela síntese entre sublimidade estético-espiritual e sensualidade erótico-discursiva. No que a esses olhos pudicos poderia parecer quase pornográfico, no entanto, de fato não se concede muita coisa ao direito da mulher de ser própria – a não ser que se entenda por própria a vocação de ser *outra do homem*. Em parte, isso se mostra na maneira quase inelutável com que o destino das personagens femininas do romance esteve associado à maternidade.

Mesmo uma leitura superficial do capítulo "Anos de aprendizagem da masculinidade" [Lehrjahre der Männlichkeit] pode reter a trama maternal em que essas personagens estão enredadas. A primeira delas, denominada apenas uma "nobre jovem" (*KFSA* V, p. 37), é abandonada assim que cede às investidas sexuais do personagem Julius. A segunda é por ele escolhida entre as mais belas da sociedade livre (p. 40), mas por não fazer dele o foco de seus interesses é igualmente deixada de lado. A terceira, que pertencia à classe das "quase públicas" [beinah öffentlich] (p. 41), diz chamar-se Lisette – mas se sugere que este seja apenas um codinome –, e com ela Julius experimenta o amor de uma mulher "selvagem, libertina e insaciável" [wild, ausschweifend und unersättlich] (p. 42). Não é nenhuma surpresa que essa autonomia, esse caráter público que retira Lisette do campo adequado da domesticidade, pareça completamente incompatível com a própria vocação da mulher tal como a narrativa masculina a apresentava: isso se ilustra na passagem em que Julius se indigna com a informação de que sua amante prostituta estava grávida (p. 43). A impossível reconciliação entre essas duas esferas, o público e o privado, não pode resultar senão na morte trágica da personagem suicida, que, em suas últimas palavras, sucumbe ao destino imposto pelo olhar masculino, admitindo: "Lisette deve perecer" [Lisette sol zu Grunde gehen] (p. 44). Signo luminoso da dominação misógina, a violência dessa cena aparece codificada como sacrifício [Opfer], recuperando, assim, a vocação distanciadora da divindade do feminino. Entre a experiência desse amor trágico e o encontro redentor com outras mulheres, Julius parece vagar por um velado homoerotismo[8] e o limiar da loucura autoinfligida (p. 47). A sequência de amores não tarda a voltar a se mover dentro do esquema de representação do feminino como objeto, que se estende por todo o capítulo – e, de certa forma, por todo o livro de Schlegel. Narra-se todo um périplo de seduções: o entusiasmo por uma mulher profundamente introspectiva, que, contudo, só lhe serve como estímulo para sua própria e radical introspecção, e, de passagem, por uma outra, da qual permanece, entretanto, distante; o flerte com uma mulher mais velha que, enfim, é "recompensada" com um filho (p. 51), provavelmente não seu, e com uma "jovem muito culta", que cede a quase todos os seus avanços (p. 52). Somente ao final dessa peregrinação formativa, um *Bildungsroman* da misoginia, que consiste na construção progressiva de uma imagem da mulher como parte do homem, Julius pode, enfim, encontrar seu verdadeiro amor em Lucinde, com quem se entrega a um exercício de comunhão no qual ela, apesar de não gerar um filho em seu ventre, continua

8. Em *KFSA* V, p. 42, Schlegel menciona um jovem e lindo criado que Julius teria seduzido; em seguida, decepcionado com seus amores frustrados, ele "procurava todo homem que lhe parecia interessante e não descansava enquanto não o tivesse conquistado" (p. 45).

preservando sua vocação doméstica ao garantir a sociabilidade de seu amado e, assim, constituir "uma grande família" (p. 57).

Se a figuração da mulher, no mais amplo espectro, precisa ser codificada pela expectativa – concreta ou conceitual – da maternidade, isso se deve, em grande medida, à lógica da procriação que, no romantismo, recupera o tema aristotélico da mulher como causa meramente material e, portanto, passiva da criação.[9] É a mitologia da passividade natural das mulheres, enfaticamente normatizadora, que opera a montagem masculina do desejo feminino, para a qual toda criação é, paradoxalmente, um ato de reprodução. É por esse motivo que, ao lermos sob lentes feministas o modo como os românticos definiram um dos elementos centrais de sua filosofia, o *Witz* ou *chiste*, notamos claramente que sua lógica exclui a participação das mulheres precisamente porque o que ele *produz* não obedece ao modelo da complementaridade reprodutiva – ou, para falarmos com Martha Helfer, "o chiste é uma figura do autoengendramento" (Helfer, 1996a, p. 182). Na partilha simbólica entre o modelo produtivo (masculino) e o reprodutivo (feminino), a sentença chistosa nasce segundo uma lógica inteiramente ativa. Jean Paul, por exemplo, insiste nesse modelo ao afirmar que o *Witz*, enquanto funcionamento imprevisível da linguagem, não é um filho produzido na relação do sujeito com as representações, que seria meramente um filho-conclusão [Schluss-Kind], mas um renascimento do próprio Eu-criador [Schöpfer-Ich] e, portanto, uma espécie de cópula perfeita do sujeito chistoso consigo mesmo, onde a alteridade não encontra lugar; um tipo de cópula que se sintetiza não como encadeamento lógico, mas como um rebento que ele denomina *Wundergeburt*, um *nascimento maravilhoso* ou *fantástico* (*JPSW* V, p. 171). E para mencionarmos apenas mais um nome, também em Novalis toda discussão sobre o papel da mulher na procriação

9. Cf. *De generatione animalium* 732a: "É por isso que, sempre e o tanto que possível, o macho está separado da fêmea, já que é um pouco melhor e mais divino, na medida em que é o princípio do movimento para as coisas geradas, enquanto a mulher serve como matéria [ὕλη]" (Aristotle, 1943, p. 132). Sobre este ponto, cf. ainda Saunders, 2002, p. 310.

parece se reduzir a essa espera, uma quietude que engloba todo o desejo (cf. Holland, 2009, p. 64) e que a impede de tomar partido ativamente na reflexão: "a ação do tornar-se atento [die Handlung des Gewahrwerdens] também não pode sair de sua esfera e querer engolfar a esfera maternal [Muttersfäre]" (*W* II, p. 105). É como espelho da masculinidade, portanto, que essa função procriadora se impõe: *produção de reprodução, reprodução de produção.* Os anos de formação de Julius certamente nada seriam sem a presença fértil de Lucinde, mas em nenhum momento do romance pode-se dizer que esta última chega de fato a dizer *eu* em nome próprio.

É provável, no entanto, que essa maneira peculiar de definir através da misoginia o próprio conceito de *Witz* tenha impedido os autores românticos de identificar um outro tipo de estratégia de descentramento textual, dessa vez operada pelas mulheres no interior mesmo do quadro por eles imposto. Sintomática dessa disposição é a escolha de muitas escritoras românticas por fazerem de personagens masculinos o centro de muitas de suas obras. É o caso de Dorothea Schlegel, com *Florentin*, publicado em 1801 anonimamente, e que pode ser lido como resposta ao *Lucinde* de seu marido, publicado e assinado um ano antes – sobre o qual volto mais adiante. Mas já em 1794, em *Das Blüthenalter der Empfindung*, de Mereau, a cena parece se organizar segundo esse mesmo critério: dar à luz a masculinidade. Na cena em que Albert, o narrador em primeira pessoa, se apaixona por Nannette, a autora o faz pronunciar a fórmula de autoidentificação que o olhar da amada, luminoso e pronto a dar-lhe à luz, torna possível:

> O que eu vi era mais que Cupido. A expressão tranquila e suave de seu rosto, o traço cheio de espírito que pairava sobre a boca e os olhos, o gentil frescor de suas formas, a graça agradável, que inundava toda sua silhueta: tudo isso completava a beleza de seus olhos (...) Apelei a minhas imagens de amadas anteriores, mas nada quis aparecer. Como que em um paraíso devastado, flutuava a imagem da bela estranha solitária sobre as ruínas de minhas criações mais acabadas. Pela primeira vez me era imputado o sentimento de meu próprio

> eu [Zum ersten Mal war mir das Gefühl meiner Selbst zur Last] (Mereau, 1794, p. 14).

No quadro identitário que o romance autoriza não é nada ocasional que seja um homem quem pode sustentar estas palavras, e deste modo ele reproduz o horizonte de legitimações patriarcal. Mas o fato de que estas mesmas palavras apareçam como um peso, um fardo – *zur Last*, como diz o texto –, torna a dinâmica da enunciação um pouco mais complicada. A caracterização da identidade como um ônus talvez esteja a tal ponto vinculada à vocação imposta às mulheres que justifica a incapacidade de Friedrich Schlegel em entender o personagem como um *ele*. Em carta de 17 de maio de 1796 a seu irmão mais velho, August, Friedrich chega exatamente a essa constatação logo após fazer um resumo desdenhoso do que havia lido:

> Recentemente, folheei [geblättert] o *Blüthenalter* de Sophie M.[ereau]. É bastante divertido. A coisa é o seguinte. Quatro se amam, dois parecem ajudar a esconder. Um se confessa, um se consome; os dois botões de humanidade [Blüthenmenschen] vão para a América; o vilão fica em casa, e a prestativa tia é esquecida – No começo, aparece um ser [Wesen] no qual todos os sentimentos possíveis fluem confusamente em tom púrpura. Isso [Es] se senta, então, bem calmamente, sobre a grama. Digo *isso* [*es*] porque acreditei com certeza que é uma moça [ein Mädchen];[10] isso, contudo, deveria ser jovem. Isso diz, entre outras coisas, que gosta de estar inconfesso; mas isso desejou que *alguém* [*Einer*] pudesse chegar que pudesse revelar a todos as *secretas beatitudes* [*geheimen Seeligkeiten*]! – Ela [Sophie Mereau] gosta de já ter revelado essas secretas beatitudes a muito homem [Mann] honesto. Se ela pudesse apresentar [o personagem de Albert], ela

10. Em alemão, o substantivo *Mädchen*, *moça*, é neutro, daí o pronome que lhe corresponde não ser *sie* (*ela*), mas *es*, sem correspondente em português. A escolha por *isso* não resguarda totalmente a neutralidade da palavra, fundamental na crítica de Schlegel.

> o faria como Angelika Kaufmann,[11] cujos seios e ancas são sempre automaticamente tirados das mangas (*KFSA* XXIII, p. 305).

É neste ponto que a ancoragem misógina do chiste torna invisível uma possível recusa à submissão do papel maternal. O que Schlegel, mobilizando todo o imaginário misógino ultraerotizado do feminino, pressente ironicamente como uma imprecisão talvez pudesse ser reconduzido justamente à sua potência disruptiva. Neste caso, a escrita de Mereau revelaria uma estratégia de indiscernibilidade na qual o *eu* corresponderia a esse ponto instável que se produz no cruzamento de duas linhas: a que liga o silenciamento das mulheres à tagarelice bravateira dos homens e a que une o ventriloquismo empreendido por Mereau ao código do gênero simplista e míope administrado por Schlegel. É no pequeno e difícil espaço de convergência entre a visibilidade plena da dominação patriarcal e o apagamento voluntário da identidade dos gêneros que a escrita feminina romântica conseguiu localizar um aparelho semiótico sutil, mas incontornavelmente subversivo, capaz de fazer com que a autoafirmação de um eu coincida com a dissolução da própria forma do eu – ou, ainda, do que é *próprio* nessa autoafirmação – para qualquer gênero que pretenda alcançá-lo. É preciso considerar, portanto, esse elemento específico da escrita feminina romântica, ausente por razões óbvias do domínio masculino, que foi o de ter de lidar com uma invisibilização *imposta* em que, ao mesmo tempo, se exige que seja transformada em instrumento produtivo, em imagem. A violação aqui consiste em impor um filho (uma imagem) em que a escrita poderia simplesmente se desenvolver para além dele, caso não estivesse submetida a tal controle epistêmico. Dito isso, contudo, é possível reconstruir, se abandonarmos a evidência dos instrumentos analíticos masculinistas, as estratégias de perversão que, em muitos casos, desapercebidamente, produziram fissuras nessa imagem.

11. Angelika Kaufmann (1741-1807), pintora suíça conhecida entre os alemães pela descrição que dela faz Goethe em seus diários de viagem à Itália.

IV. A glória perversa da leitura

Foi sem o nome da autora que *Florentin* veio a ser publicado. Ao leitor, a única assinatura a se apresentar era a de Friedrich Schlegel, que vinha ocupar a função de editor em um poema que abre o livro, autorizando, como um *imprimatur*, o início de um outro discurso. Talvez o romance de Dorothea Schlegel seja o mais conhecido dentre os que estiveram submetidos à política masculina de circulação desse discurso da alteridade, embora não estivesse sozinha. Karoline von Günderrode publicou suas poesias em um volume que assinou como Tian, e parte de seu sofrimento pessoal, que a levou ao suicídio, estava intimamente ligada a essa impossibilidade de falar por si mesma – embora se tenha preferido contar a história desse sofrimento pelo insucesso de sua relação amorosa com Friedrich Creuzer. Nas raras ocasiões em que mulheres fizeram uma carreira como escritoras em seu próprio nome, como são os casos de Sophie Mereau e Caroline de La Motte Fouqué, era quase certo que receberiam pouca atenção de seus pares, ou, ao menos, uma atenção condescendente – como quando Friedrich Schlegel *folheou* o livro de Sophie Mereau, ou quando Schiller recomendou *Florentin* a Goethe, antecipando sua falta de originalidade (cf. Helfer, 1996b, p. 144-145 e 147).

Os modelos éticos apresentados em *Florentin* não nos deixam enganar quanto ao seu viés masculino. Há uma tertúlia de mulheres que desmaiam, que são condenadas a serem freiras, que vivem amores impossíveis, e, de outro lado, um sem-número de condes, doutores e andarilhos que, fora do limite do lar, resolvem o destino de suas filhas, irmãs e esposas. O texto é profundamente intricado na construção do tempo narrativo, que continuamente se interrompe para a elaboração de *flashbacks*, mas que, em todo caso, permanece orientado segundo essa teleologia do matrimônio, que, se o texto tivesse continuado – uma segunda parte estava prevista, mas nunca foi publicada –, certamente emergiria como solução para muitos dos impasses amorosos deixados em suspenso no final do primeiro e único volume.

Há, contudo, sinais de que um jogo de desestabilização talvez estivesse sendo jogado. A começar pelo nome do personagem-título, que lembra o termo utilizado para designar os *florentinos*, ou seja, segundo a compreensão da época a respeito dos habitantes de Florença, praticantes menos reservados do amor homossexual. Os alemães, inclusive, possuíam um verbo para essa prática: *florenzen* (cf. Helfer, 1996b, p. 151; Rocke, 2012, p. 330). Além disso, uma complexa trama de interrupções deposita continuamente Florentin dentro de um fluxo do qual ele não tem propriamente nenhum controle. Se podemos reconhecer a influência das *Afindades eletivas* de Goethe no modo como a história apresenta a troca constante de casais que se fazem e refazem, dentro de um único conjunto de personagens, do ponto de vista da *origem* e da *perpetuação* de seu destino, Florentin parece condenado a nunca alcançar nenhum grau de certeza. Órfão, ele é criado por um casal de idosos em uma ilha isolada na Itália, embora visite ocasionalmente sua mãe no continente. Após a morte de seus tutores, ele é adotado por um barão, que se recusa, no entanto, a adotar também sua irmã, rompendo o traço de família a que ele ainda tem acesso. Após uma série de aventuras no exército e na boemia de Veneza, e após sua esposa abortar voluntariamente um filho seu, Florentin peregrina pela Europa até que, em certa ocasião, passeando pela Alemanha, ele salva um conde de um ataque de javali e passa a frequentar sua casa, onde, enfim, é acolhido como membro da família. Seu flerte com as mulheres do grupo acaba forçando-o a propor um duelo na floresta, sobre o qual Dorothea Schlegel esconde de seus leitores os desdobramentos, fazendo com que o final do livro apresente Florentin desaparecido com seu inimigo, à deriva.

Uma vez que tomamos essa condição final do texto não mais como acidental, mas, antes, como constitutiva da perspectiva das identidades que se espelham, se rebatem e se multiplicam intermitentemente no romance, estamos aptos a fazer funcionar um dispositivo feminista de leitura de um texto, por outra via tão consistentemente misógino. Florentin é, ele mesmo, afinal, o filho monstruoso de sua própria deriva – já que, apesar de seu papel ativo na consolidação de sua

Bildung, típico da dinâmica dos personagens masculinos da literatura romântica e pré-romântica, o que se impõe sobre ele é um problema *feminino* (ao menos segundo os termos dessa mesma literatura): o pertencimento ao lar. Através da máscara de um herói supostamente goetheano, é de si mesma, de sua vocação, que Dorothea Schlegel fala. Que esse problema seja designado pelo horizonte normativo patriarcal que a autora assume como seu, não resta a menor dúvida: mas os termos em que ele é proposto, os impasses a que ele está submetido, formam uma estratégia específica da prática de escrita feminina, que se mantém, não de modo acidental, muitas vezes indecifrável. Algumas tentativas de requalificar *Florentin* para além de sua emulação do imaginário masculino se ocuparam em descrever esses dispositivos de embaralhamento hermenêutico que entram em funcionamento *enquanto* mascaramento sob a forma de uma narrativa meramente sentimental e paternalista (cf. Helfer, 1996b, p. 149; Roberts, 2002; Allingham, 2011, p. 4 e ss.). Nesse contexto, as estratégias contra-hegemônicas da escrita feminina se configuram de modo sutil, mas insistente, como exercício de equivocidade das próprias premissas de produção e recepção de um texto. Não se trata apenas da elaboração de um código cifrado – que, contudo, parece ocasionalmente ser utilizado –, mas, antes, do *ciframento* da própria hermenêutica em seus fundamentos estabelecidos pela tradição.

O exemplo mais notável desse procedimento consistiu em embaralhar os espaços de atuação que essa mesma tradição construiu para os grupos sociais. Uma das topologias mais importantes sob essa perspectiva foi a que, desde muito tempo, mas de modo mais recorrente a partir do século XVIII, associava o trabalho de leitura com a disposição feminina, e o de escrita, com a masculina (cf. Schlichtmann; Mueller, 2004). Por mais que essa distribuição tenha configurado de modo violento as possibilidades de publicação das mulheres desde o Iluminismo, algumas práticas narrativas desenvolvidas por elas pareciam colocar os termos dessa divisão em uma deriva instável. Assim, por exemplo, é possível pensar nas autoras que se propuseram a construir uma espécie de narrativa em segundo grau: é o caso de

Bettina von Arnim, em seu *Goethes Briefwechsel mit einem Kinde* [*A correspondência de Goethe com uma criança*], de 1835, no qual reescreve e altera a correspondência que mantivera com Goethe em sua juventude, estilizando-a e inserindo nela elementos ficcionais. Desse modo, seu exercício de escrita se confunde com o exercício de leitura ao qual estava, por imposição social, vocacionada (cf. Schlichtmann; Mueller, 2004, p. 204). Sua posição como autora torna-se relativamente independente da centralidade de um eu; ou, antes, esse *eu* acaba como que partido ao meio, emergindo frequentemente sob a voz de um outro que habita o texto a convite de uma leitora que o modifica em silêncio.

Em *Florentin*, o dispositivo que permite a sobreposição da receptividade da leitura e da espontaneidade da escrita é a instabilidade da ação interpretativa do personagem-título, que emerge no momento mesmo em que ele pretende contar sua história. Instalado no centro de uma cena típica, e mesmo modelar, de escuta, na qual, durante um idílico passeio na floresta com o casal de noivos Juliane e Eduard, ele narra sua vida, Florentin é levado, em momentos cruciais dessa fala, a assumir a passividade da posição de *leitor*. Assim, em meio a esse abreviado *romance de formação* que ele oferece aos seus ouvintes – e que Dorothea insere em seu próprio e perverso *Bildungsroman* –, há ao menos dois momentos em que a leitura de um texto se impõe a ele desde fora e leva a consequências imprevistas, desestabilizando a posse de seu destino, ou seja, sua posição como *autor*. O primeiro se dá com a carta que recebe de sua irmã, "totalmente inesperada" [ganz unerwartet] (*Flor*, p. 58), em que esta se despede às vésperas de se tornar noviça em um convento no qual, apesar de um frustrado plano de seu irmão de resgatá-la, acaba por se internar.[12] O fracasso de seu plano faz com que Florentin abandone sua carreira militar e retorne à Itália, onde se torna artista. A segunda ocorrência de um

12. Em *Das Blüthenalter der Empfindung*, Sophie Mereau havia construído um argumento semelhante, no qual Nannette também era forçada a entrar em um convento do qual o personagem central – no caso, Albert – tenta resgatá-la.

texto que obriga o personagem a interromper seu caminho e *ler* ocorre quando ele recebe um bilhete de uma de suas amantes – como a carta anterior, também "ganz unerwartet" (p. 76) – informando que um cardeal romano intencionava mandá-lo para a prisão por conta de um poema satírico que Florentin havia escrito a seu respeito. Mais uma vez, por um texto vindo inesperadamente interromper sua *formação*, ele é obrigado a abandonar Roma.

Ao interpretarmos a história da vida de Florentin por ele mesmo, empreendida desde o ponto de vista dessas duas interferências da dimensão receptiva da leitura em meio à produção de uma narrativa, é mais fácil notar que o enigma dessa vida, que começa por uma infância da qual ele não consegue se recordar (p. 41), passa pelo momento em que lhe é revelado que a mulher que ele tinha como sua mãe, na verdade, não o era (p. 62), questão que se projeta em suspenso ao final do livro, quando desaparece – "não foi encontrado em parte alguma" [war nirgends zu finden] (p. 152) –, e que é preciso *interpretar* quando ela lhe aparece como um signo vindo – ou melhor, *enviado* – de fora. Em meio a esse imperativo hermenêutico, Dorothea faz, sutilmente, com que Florentin expresse, como numa miniatura, o desafio próprio das mulheres românticas segundo a lógica patriarcal: ele escreve sua vida, mas é constantemente interpelado a interromper essa escrita para *ler*. De certo modo, algo dessa sobreposição insuspeita entre ler e escrever já se articulava nos romances epistolares que configuravam um dos espaços tradicionalmente reservados à escrita feminina – de que o livro de Bettina von Arnim é apenas um exemplo tardio no âmbito de um empreendimento que remonta a obras bem mais antigas, como a *Geschichte des Fräuleins von Sternheim* [*História da senhorita von Sternheim*], publicada por Sophie von La Roche em 1771 – e que se intensificarão com o fenômeno editorial do *Werther* de Goethe.[13] O caso deste último autor, além disso, é suficiente para nos

13. Sobre a escrita e o romance epistolares e seu papel na construção de uma prática literária feminina, cf. Becker-Cantarino, 1999, p. 135; French, 1989, p. 73-89; e Kord, 1996, p. 64-ss.

lembrar que cenas de leitura e estilizações epistolares não eram uma exclusividade da escrita feminina, mas certamente alcançam um novo sentido quando estão atravessadas pelos deslocamentos de gênero, bem como pelos problemas de identificação que eles acarretam.

V. Juliane travestida

Um outro importante dispositivo de enfrentamento da ordem discursiva da escrita masculina – e que se assinala sub-repticiamente em vários pontos de *Florentin* – diz respeito ao exercício subversivo da indumentária como perversão dos signos. Estamos, aqui também, dentro do empreendimento de reformulação dos paradigmas hermenêuticos que a escrita masculina não havia ousado ou desejado realizar. Seria preciso reconstruir em sentido muito mais amplo o que talvez pudéssemos chamar de *filosofia da indumentária* do romantismo, na qual a sentença mais exemplar permanece sendo a de Novalis, que se caracteriza, ao mesmo tempo, como princípio ético-estético e como perspectiva historiográfica: "Indumentária e pessoa [Kleidung und Person] são entre as figuras gregas uma única coisa 'Assimilação d[a] indumentária'" (*W* II, p. 244). Novalis repercute nesse ponto uma opinião corrente entre os românticos, que busca preservar o imperativo clássico da harmonia entre interior e exterior. August Schlegel havia insistido sobre isso justamente em seu diálogo *Die Gemälde* [*As pinturas*], publicado em 1799 na *Athenäum*, ao imaginar o encontro entre uma europeia vestida com uma saia balão e uma estátua grega, para quem "a vestimenta quase não se separa da pessoa" [die Bekleidung kaum von der Person zu unterscheiden <ist>] (*Athen*, vol. II, parte I, p. 43). Erguido à categoria de um instrumento analítico, o rigorismo da simplicidade indumentária funcionava, inclusive na escrita produzida por mulheres, como quadro sociológico – como o atestam muitas das descrições de Dorothea Schlegel a respeito das roupas e da personalidade dos habitantes de Paris, durante sua estada nessa cidade entre 1802 e 1804.[14]

Mas essa *filosofia da indumentária*, de viés acentuadamente schilleriano e winckelmanniano, consiste em apenas uma parte da reflexão romântica sobre o *vestir-se* e sobre a *vestimenta*. Se é verdade que ela prevalece na ordem masculina, também é significativo que, em muitos romances escritos por mulheres, a questão se converte no problema do disfarce – não mais uma *Kleidung* ou uma *Bekleidung*, mas uma *Verkleidung*. É exatamente esta última palavra que é usada para indicar o modo como Eduard e Florentin, no romance de Dorothea Schlegel, se disfarçam, ora como comerciantes, ora como menestréis, para poderem andar desapercebidos pelas cidadezinhas, entrar em festas de casamento, feiras e mercados (*Flor*, p. 36). Frequentemente, a narrativa retorna à atenção dos personagens aos seus trajes e aos dos outros – é o que acontece quando Florentin lembra das roupas que teve de vestir ao ser levado para uma espécie de orfanato, que, ao contrário das que costumava usar em casa, "delicadamente leves", eram "roupas feias, de tecido grosseiro, com corte monástico" [häßliche

14. Por exemplo, em *Briefwechsel* I, p. 127: "Era domingo, um belo clima primaveril, e, em Paris, as multidões se esbarravam entre si no passeio público: em belos trajes dominicais, os cidadãos, os elegantes [die Eleganten] em uma negligência mais luminosa. Uma carruagem deslizou apressada rua acima, cruzando o passeio público; voando rápido sobre tudo. Um velho mendigo, quase cego, não prestava atenção; uma mulher [Frau], no momento em que o olhou, largou o braço de seu condutor, agarrou o mendigo sujo, estranhamente rasgado, velho, repugnante, e o conduziu, ou melhor, o arrastou a seis, oito passos longe do coche. O velho foi salvo antes mesmo que soubesse do perigo. *Allez, mon bon homme*, disse a mulher. A completa despretensão dessas palavras, sua voz um tanto rouca me tocaram quase mais que a ação. Essas [palavras] vindas de uma parisiense refinada, elegante, talvez bela ou reconhecida como bela, não tinham nada ou quase nada do significado que teriam naquela mulher simplória, que segue sua emoção sem reflexão. De resto, não era feia essa mulher, também não era velha, mas sem nenhuma queda pelo oposto; não estava vestida *elegantemente*, mas com bom gosto, requintada, quase rica e com uma certa desenvoltura de classe, da qual os elegantes dizem, com desdém: *qui mettent une chemise blanche deux fois par semaine*. Essa é exatamente a melhor classe em Paris. Em suma, em Paris não se espera de ninguém nada menos do que das pessoas que despertam atenção ou que são famosas, seja pela riqueza, beleza, entendimento, erudição ou mesmo pela bondade. Em regra, no mínimo elas se guiam por tudo aquilo pelo que são conhecidas".

Kleider von grobem Zeuge, mit klösterlichem Schnitt] (p. 43). Mas em ao menos duas outras ocasiões no mesmo texto se acrescenta a esse conjunto de problemas uma importante dimensão de gênero: a primeira se dá quando o plano de Florentin de resgatar sua irmã às vésperas de seu noviciado inclui vesti-la com uma "roupa masculina" [Männerkleidung] (p. 60). Toda a simbologia dessa roupa imposta pela necessidade de se tornar invisível pode, certamente, ser discutida a partir dos mecanismos de opressão que ela expressa. Essa leitura se complica, contudo, ao levarmos em conta o quanto esse dispositivo de controle acaba por se revelar falho – e esse não é um aspecto circunstancial.

Isso se deixa atestar pela segunda cena de disfarce transgênero, que ocorre logo após Florentin contar a história de sua vida. No caminho de volta à vila, ele, Eduard e Juliane são surpreendidos por uma tempestade e se perdem, indo buscar abrigo junto à propriedade de um moleiro, que os acolhe em sua família sem perceber, inicialmente, que a jovem era uma mulher – já que, tal como nos é informado antes, ela estava vestida como seu noivo e seu novo amigo, ou seja, "como caçadores" (p. 36). Sobre os hábitos indumentários de Juliane, aliás, Dorothea nos informa que "na medida em que ela nunca trajava outra vestimenta, e como também parecia admiravelmente com um moleque, também os dois amigos bem pareciam dois irmãos mais velhos da adorável criança" (p. 36). Toda a cena que se desdobra na casa do moleiro e sua esposa está relacionada, portanto, à perturbação causada pela indiscernibilidade desse signo expresso na vestimenta, que leva não apenas a uma confusão de gênero, mas, sintomaticamente, a uma outra ainda mais ampla, a de classe. A cena em que Dorothea Schlegel articula essa desconfiança ao problema das roupas é significativa o suficiente para que a citemos mais extensamente:

> Eles não foram reconhecidos pelo moleiro e sua esposa, mas foram recebidos com hospitalidade. A primeira preocupação de Eduard foi providenciar panos e roupas [Wäsche und Kleider] secos para Juliane. Um novo contratempo surgiu. Eles tiveram de revelar o

gênero [Gesclhecht] de Juliane ao moleiro, este ficou assombrado e não ousou acreditar neles. Depois de muitos pedidos e confirmações, eles se deixaram finalmente convencer a oferecer panos e roupas para Juliane e a prestar-lhe ajuda com sua troca de roupas, pois a pobre estava tão exausta, que quase não tinha condições de ficar de pé. Enquanto ela trocava de roupa e era levada para a cama, uma lareira foi acesa no cômodo para o qual foram conduzidos; Eduard e Florentin com isso estavam ocupados em secar suas roupas. A esposa do moleiro saiu do quarto e os avisou que a mocinha estava dormindo! Ela olhava para os jovens com curioso olhar desconfiado. Ela não podia conceber de nenhuma maneira adequada a relação que aquela jovem e bela pessoa, de cujo gênero [Geschlecht] ela agora estava completamente convencida, teria de manter com os dois homens. Ela forjou para si várias conjecturas acerca de uma conexão qualquer que lhes atribuiu de maneiras nem um pouco refinadas para compreendê-los com clareza. Por fim, perguntou-lhes algo com temor: de modo algum ela poderia ter negado ajuda, mas nem ela, nem seu marido teriam gostado de hospedar pessoas que tivessem coisas a esconder; e outras falas desse tipo, que não evidenciavam nenhuma opinião favorável a respeito de seus convidados.

(...) Juliane a chamou para si e confirmou o que Eduard tinha dito; mas a mulher de maneira nenhuma quis acreditar neles. Tudo o que ela quis apresentar para sua convicção pareceu mesmo dar novos motivos para a intromissão da boa e um tanto ingênua mulher; "não me fazeis acreditar", clamou ela, "que tenhais vindo ao meu humilde lar a pé, sem servos e disfarçados [verkleidet]"! Florentin gargalhou sonoramente desse evento incrível, e Juliane, apesar da confusão, teve também de rir. A mulher do moleiro caminhou para fora e agarrou seu marido. Esse havia olhado para Juliane pouco mais do que o suficiente para que logo a reconhecesse: ele a havia visto frequentemente quando tinha ido até o castelo a negócios, mas em trajes masculinos [Männertracht], desmaiada e impotente, com cabelos molhados e embaraçados, na chegada não reconheceu; pediu muitas desculpas pela suspeita da

> mulher, procurou, como pôde, justificá-la, e logo voltou a abandonar o quarto (*Flor*, p. 87).

Por mais que alguns comentadores tenham enxergado nessas passagens do romance de Dorothea Schlegel a expressão do efeito normativo da perspectiva feminina – é preciso lembrar que nem a irmã de Florentin nem Juliane conseguem se adequar a essa *Verkleidung* que intermedia sua igualdade e indiscernibilidade –, concentrar-se na dimensão *impeditiva* desse gesto incompleto é também não reconhecer a prática positiva da confusão a que ele dá lugar. O traje masculino com que Florentin pretende resgatar sua irmã, nesse sentido, não é senão a conversão da roupa que ele tanto odiava nos tempos de orfanato em potência de escape. Essa transmutação, urdida com cuidado na maneira com que o signo da indumentária vai se repetindo ao longo do texto, dificilmente está presente na escrita masculina. No que se refere especificamente à cena na casa do moleiro, a flutuação do signo da roupa de Juliane – que resulta em sua inapreensibilidade, uma vez que tanto o moleiro quanto sua esposa são continuamente confrontados com a demanda de um reconhecimento instável – é suficiente para fazer intervir toda uma série de conversões afetivas, não só entre os donos da casa, mas também entre esses estrangeiros que são, ao mesmo tempo, senhores: não é exatamente a roupa emprestada que não cabe em Juliane o que desperta, aos olhos de Florentin e Eduard, a convicção renovada de sua beleza justamente em sua aniquilação?[15] No instante em que essas flutuações se instauram nesse lugar que ele mesmo não é senão a prótese de um lar, já não estamos mais no regime da *filosofia da indumentária*, sempre excessivamente preocupada com a harmonia, mas em um outro, que chamaríamos propriamente de *hermenêutica do travestimento*.

Não é por acaso que, desde o final do século XVIII, os alemães tenham usado o termo *Travestirung* para designar uma questão

15. Cf. *Flor*, p. 89: "Florentin quis logo desenhá-la nesse ambiente, para que ela futuramente pudesse se lembrar da nulidade de todo esplendor humano em seu mais elevado brilho".

relacionada à transposição das formas. De modo geral, ele define um tipo específico de procedimento literário, empreendido especialmente na dramaturgia, no qual um texto mais antigo, normalmente em versos, é reescrito em forma de prosa, ou em outra estrutura métrica. Embora a dimensão do gênero esteja encapsulada de modo apenas latente na expressão tal como foi usada na filosofia da arte dos séculos XVIII e XIX, um estudo dos discursos nesse âmbito poderia demonstrar sua importância determinante. Em língua inglesa, provavelmente a primeira a adotar a expressão, o termo equivalente é *travesty*, e, como no alemão, apesar de próximo da paródia, não tem por função assinalar os defeitos ou incoerências do objeto imitado, como é o caso nessa (cf. Robertson, 2009, p. 59-70). Alguns autores franceses do século XVIII, como Marivaux, também usam a expressão *travestie* nesse sentido.[16]

A expressão não era desconhecida dos românticos, embora não seja tão frequente entre eles. August Schlegel a usa em uma resenha enfaticamente negativa da tradução do *Dom Quixote* de Cervantes feita por Dietrich Wilhelm Soltau, publicada em 1800, na qual acusa o tradutor de ter transformado a *canción desesperada* de Crisóstomo em uma "Travestirung", o que, nesse contexto, significa uma versão involuntariamente cômica (cf. *Athen*, vol. III, parte II, p. 323-324). A própria Dorothea Schlegel utiliza o termo nesse sentido pejorativo, ao comparar a bela *Einkleidung*, indumentária no sentido amplo, da personagem de Virginia, de Lessing, à reescrita que o Barão de von Ramdohr havia feito de outra personagem de Lessing, Emilia Gatti,

16. Em 1825, o historiador Karl Heinrich Ludwig Pölitz, no terceiro volume de seu *Das Gesamtgebiet des teuitschen Sprache* [*O domínio completo da língua teutônica*], reservava uma seção para "A paródia e o travestimento", assinalando o modo como configuravam categorias estéticas independentes – mais precisamente, Pölitz fala de "selbständige ästhetischen Ganze" [todo estético autônomo] (Pölitz, 1825, p. 471). Trata-se, assim, de discutir, de passagem, o *travestimento* das obras clássicas – Homero ou Virgílio – em língua alemã. Mas o que um historiador como Pölitz tenta distinguir parece constantemente destinado a manter sua equivocidade, de modo que, por exemplo, o *Brockhaus Conversations-Lexikon* de 1809 considera *Travestirung* apenas um tipo de sátira. De todo modo, seria o caso de considerarmos que a imprecisão das fronteiras entre paródia, ironia, sátira e travestimento consiste em uma potência do dispositivo hermenêutico operado por esses instrumentos poético-conceituais.

convertendo-a em uma *Travestirung* (cf. *Athen*, vol. III, parte II, p. 242). De um modo geral, o diagnóstico é o de que as reescritas modernas das obras clássicas através do travestimento resultavam em falsificações. Poucos autores chegaram a expressar esse diagnóstico de modo tão enfático – embora quase todos pudessem concordar com ele – quanto Caroline Pichler, escritora acentuadamente conservadora que, em 1807, havia escrito um artigo intitulado precisamente "Sobre os travestimentos" [Über die Travesteirungen], reunido em 1829 em sua coletânea *Prosaische Aufsätze* [*Artigos em prosa*]. Nesse ataque virulento às novas técnicas de apropriação da modernidade, Pichler retoma a exigência clássica da moralização do teatro:

> Se aquelas representações plebeias, aqueles travestimentos profanos fossem expulsos do teatro, onde somente a plebe os assiste, se, ao invés de tantas peças medíocres e ruins, retornassem, com mais frequência, diante dos olhos do público mais cultivado, as obras de arte da época antiga ou mais recente, se a delicadeza maternal de Mérope, o amor pela terra natal de Regulus, a nobre coragem de Tancredo, o amor heroico de Romeu e Julieta, a morte de Don César, que reconcilia com a virtude, aparecessem diante de nossos olhos *com frequência* e *dignidade*, as formas divinas teriam de, aos poucos, agir sobre nossa imaginação, sobre nosso gosto e, finalmente, sobre nosso ânimo. Alguns belos lugares se imprimiriam no pensamento, e com oportunidades decentes, talvez ressoassem como uma voz vinda do céu na alma hesitante ou triste ou desgarrada (Pichler, 1822, p. 19).

A categoria analítica do travestimento também se inscreve, assim, na tendência classicista da *filosofia da indumentária*, de modo que a exigência de harmonia se duplica em uma recusa da modernização literária. O que é, no entanto, notável é que, ao lermos um texto como *Florentin*, ou a carta de Bettina von Arnim a Günderrode, que menciona o uso de uma barba postiça, encontramos um desenvolvimento radical da prática de apropriação – de um tornar *próprio* que, no limite, questiona a *propriedade* da origem fundadora –, justamente lá onde a escrita precisa se tornar indiscernível. De certo modo, a escrita feminina também é um travestimento, já que ela está enclausurada na perspectiva da *reescritura*, mas é aí mesmo que ela encontra sua potência. Signo opaco, Juliane travestida entra em cena um pouco como o personagem do visitante que Pasolini introduz em uma família típica em *Teorema*: sua simples presença, velada e revelada a um só tempo, arrasta as identidades para a linha de deriva e que se tornam instáveis.

VI. Como destruir o cânone

O debate sobre as implicações entre o *gênero* feminino e os *gêneros* literários – seus dispositivos de controle e resistência –, importante para autores como Derrida (em *Éperons* [*Esporas*], de 1978, por exemplo), ainda não incorporou tão amplamente o problema tal como desenvolvido no âmbito romântico. Aqui, a escrita privada, os diários e cartas não são apenas elementos disponíveis, entre outros, na experimentação narrativa: são, muitas vezes, para a escrita feminina, os únicos. A esfera confessional que configura esses textos foi criticada durante a história de sua recepção como condescendentemente sentimentalista ou retoricamente ultrapassada em sua nostalgia. Mas essa leitura não estaria sendo operada através de uma escala de originalidade na qual as mulheres não tiveram efetiva participação propositiva? Se esse for o caso, também é preciso aqui enfatizar não os objetos e estilos imitados da obra dos homens, mas como a própria noção de *obra* alcança uma outra função: não mais o resultado da livre expressão, mas o esforço de apropriação e perversão dos modelos normativos, na medida em que estes não faziam parte do horizonte masculino. Quando se olha sob essa perspectiva, o diário não é só o espaço de carpintaria de uma reflexão que poderá encontrar seu caminho na esfera pública dos livros, mas um território autocontido, sem passagem para o exterior. Da mesma forma, a literatura epistolar, que no universo dos homens podia ser uma forma de se dirigir a uma comunidade mais ampla, aqui enfrenta sua vocação de privacidade

(Becker-Cantarino, 2000, p. 169-171). Enfim, os romances e contos escritos por mulheres dificilmente recebiam o mesmo tipo de aprovação pública de que Goethe, Schiller, Hegel e Schleiermacher gozaram.

Tal especificidade não apenas impõe limitações ao exercício da escrita, mas, em uma versão menos paternalista, resulta na elaboração de práticas positivas específicas de apropriação e modalização dos gêneros narrativos, continuamente ignoradas pelos instrumentos analíticos da história da literatura e da filosofia. A transgressão dos gêneros autorizada aos homens se movia sempre para fora deles, mas, no caso das mulheres, é possível pensar em uma *transgressão para dentro*. Com isso, por exemplo, é somente quando entendemos a economia do espaço *feminino* do diário que enxergamos o quão frequente é nele a preocupação com uma mística da interioridade, que se opõe, sob esse aspecto, às místicas cosmológicas de Friedrich Schlegel, Novalis ou Schelling. Dorothea Schlegel se volta incessantemente a esse problema em seus diários:

> Sozinha em meu gabinete, sou mais devota que na igreja. Não posso nunca propriamente rezar direito na igreja, tudo me distrai muito; particularmente presto muita atenção em mim mesma na presença das outras pessoas e, durante a prece, deve-se esquecer completamente de sua própria personalidade. Mas, na igreja, sou tocada especialmente pelo canto, como em uma peça [Schauspiel] (*Briefwechsel* I, p. 255).

Exatamente desse mesmo problema é que Rahel Varnhagen pôde derivar um programa ético – cuja universalidade, portanto, se forma e se determina pela transmutação da solidão imposta em princípio de ação, ou, antes, pela transmutação do enclausuramento do diário como prática de escrita em objeto de reflexão filosófica:

> Às vezes leio esse caderno e, então, é como se eu tivesse morrido e um outro o lesse. – Por anos a fio alguém se aflige em produzir, finalmente, um pequeno, pequeno resultadozinho. Esse é o prêmio, eu diria! É, contudo, o esforço, o empenho, a diligência em não descansar

> até que achemos esse pequeno prêmio. Verdadeiramente fraco e preguiçoso é o nosso espírito, *realmente*! Infância: somos atraídos e estimulados com luz e brilho do sol. O que encontramos é uma coisa. Que encontramos é o ponto (*Rahel* I, p. 411).

Nesse movimento de transfiguração da pergunta ontológica – *o quê?* – pela decisão que dá início à reflexão – *quê!* –, todo o destino do romantismo se altera. Mais radical que as determinações masculinas poderiam permitir, a escrita feminina completa a desconstrução do cânone da hermenêutica que, de Novalis a Tieck, havia sido deixada intacta em muitos pontos. Quase não se notou esse ponto de virada – mas foram exatamente tal invisibilidade e tal silêncio que permitiram sua torção. Algo de que os homens sequer desconfiavam que não dispunham.

Referências

ALLINGHAN, Liesl. Revolutionizing Domesticity: Potentialities of Female Self-Definition in Dorothea Schlegel's *Florentin* (1801). *Women in German Yearbook: Feminist Studies in German Literature & Culture*, Lincoln (Nebraska), v. 27, p. 1-30, 2011.

ARENDT, Hannah. *Rahel Varnhagen. Lebensgeschichte einer deutschen Jüdin aus der Romantik*. Munique: Piper, 1981.

ARISTÓTELES. *De generatione animalium. Generation of Animals*. Trad.: A. L. Peck. Cambridge: Harvard University Press; Londres: William Heineman Ltd., 1943. [The Loeb Classical Library].

ARNIM, Bettina von. *Werke und Briefe*. Ed.: Gustav Konrad. Frechen: Bartmann, 1959.

Athenäum. Eine Zeitschrift von August Wilhelm Schlegel und Friedrich Schlegel – 1798-1800. Ed. e seleção: Curt Grützmacher. Stuttgart: J. G. Cotta'schen Buchhandlung/Berlim: Rohwolt, 1960.

BAHRDT, Karl Friedrich von. *Ueber Pressfreiheit und deren Gränzen: zur Beherzigung für Regenten, Censoren und Schriftsteller*. Züllichau: Frommann, 1787.

BECKER-CANTARINO, Barbara. Leben als Text – Briefe als Ausdrucks- und Verständigungsmittel in der Briefkultur und Literatur des 18. Jahrhunderts. In: GNÜG, Hiltrud; MÖHRMANN, Renate (eds.). *Frauen Literatur. Geschichte Schreibende Frauen vom Mittelalter bis zur Gegenwart*. 2. ed. Stuttgart: Metzler, 1999. p. 129-146.

BECKER-CANTARINO, Barbara. *Schriftstellerinnen der Romantik: Epoche, Werke, Wirkung*. Munique: C. H. Beck, 2000.

BEHLER, Ernst. *Athenäum. Die Geschichte einer Zeitschrift. In: Athenäum. Eine Zeitschrift von August Wilhelm Schlegel und Friedrich Schlegel. Berlin* 1798-1800. Reimpressão Darmstadt 1983. p. 5-64.

BEHRENS, Katja (ed.). *Frauenbriefe der Romantik*. Frankfurt am Main: Insel, 1982.

BLANCHOT, Maurice. L'Athenaeum. In: ____. *L'entretien infini*. Paris: Gallimard, 1969. p. 515-527.

BÖRNE, Ludwig. *Sämtliche Schriften* – 3 volumes. Ed. e rev.: Inge e Peter Rippman. Darmstadt: Metzler, 1964.

BREUER, Ulrich. Lebensstationen. In: ENDRES. Johannes (ed.). *Friedrich Schlegel-Handbuch. Leben, Werk, Wirkung*. Stuttgart: Metzler, 2017. p. 2-33.

BRUNKHORST, Martin. *Tradition und Transformation: Klassizistische Tendenzen in der englischen Tragödie von Dryden bis Thomson*. Berlim: De Gruyter, 2019.

BURKHARD, Anna-Maria. Die 'Apotheose der Vernunft' und die Angst von ihrem Fall: Überlegungen zur volkskundlichen Rezeption der Romantik nach 1945. In: SIMON, Michael; SEIDENSPINNER, Wolfgang; NIEM, Christina (eds.). *Episteme der Romantik. Volkskundliche Erkundungen*. Munique; Nova Iorque: Waxmann, 2014. p. 177-195.

DEAN-JONES, Lesley. Menstrual Bleeding according to the Hippocratics and Aristotle. *Transactions of the American Philological Association*, Baltimore, v. 119, p. 177-192, 1989.

DE MAZZA, Ethel Matalla. 'Alle Protestanten sind zu betrachten als zukunftige Katholiken': Schlegels Konversionen. *Athenaum – Jahrbuch der Friedrich Schlegel-Gesellschaft*, v. 18, p. 101-121, 2008.

FRENCH, Lorely. 'Meine beiden Ichs': Confrontations with Language and Self in Letters by Early Nineteenth-Century Women. *Women in German Yearbook: Feminist Studies in German Literature & Culture*, Lincoln (Nebraska), v. 5, p. 73-89, 1989.

FÜRST, Julius (ed.). *Henriette Herz: Ihr Leben und ihre Erinnerungen*. Berlim: Wilhelm Hertz; Bessersche Buchhandlung, 1850.

GOETHE, Johann Wolfgang von. *Werke* – Edição de Hamburgo, 14 volumes. Ed.: Erich Trunz. Hamburgo: Christian Wegner, 1948-1966.

GÜNDERRODE, Karoline von. *Sämtliche Werke und ausgewählte Studien, Historisch-Kritische Ausgabe* – 3 volumes. Ed.: Walter Morgenthaler. Frankfurt am Main; Basel: Stroemfeld, 2006.

HANNEMANN, Britta. *Weltliteratur für Bürgertöchter: die Übersetzerin Sophie Mereau-Brentano*. Göttingen: Wallstein, 2005.

HELFER, Martha B. 'Confessions of an Improper Man': Friedrich Schlegel's Lucinde. In: KUZNIAR, Alice A. (ed.). *Outing Goethe and his Age*. Stanford: Stanford University Press, 1996a. p. 174-193.

HELFER, Martha B. Dorothea Veit-Schlegel's Florentin: constructing a Feminist Romantic Aesthetic. *The German Quarterly*, Hoboken (Nova Jersey), v. 69, n. 2, p. 144-160, 1996b.

HELFER, Martha B. The Male Muses of Romanticism: The Poetics of Gender in Novalis, E.T.A. Hoffmann, and Eichendorff. *The German Quarterly*, Hoboken (Nova Jersey), v. 78, n. 3, p. 299-319, 2005.

HODKINSON, James R. *Women and Writing in the Works of Novalis*. Rochester, NY: Camden House, 2007.

HOLLAND, Jocelyn. *German Romanticism and Science: The Procreative Poetics of Goethe, Novalis, and Ritter*. Nova Iorque: Routledge, 2009.

JEAN PAUL [RICHTER, Johann Paul Friedrich]. *Sämtliche Werke*. Ed.: Norbert Miller. Munique: Carl Hanser, 1996.

KANT, IMMANUEL. *Kant's Gesammelte Schriften* – 29 volumes. Berlim: De Gruyter, 1968.

KLAUSNITZER, Ralf. Zentrum ou Periferia: Faszinations- und Wirkungsgeschichte der Heidelberger Romantik in der ersten Hälfte des 20. Jahrhunderts. In: STRACK, Friedrich (ed.). *200 Jahre Heidelberger Romantik*. Berlin: Springer, 2008. p. 551-582.

KORD, Susanne. *Sich einen Namen machen: Anonymität und weibliche Autorschaft 1700-1900*. Stuttgart; Weimar: Metzler, 1996.

LACOUE-LABARTHE, Philippe; NANCY, Jean-Luc. *L'absolu littéraire: Théorie de la littérature du romantisme allemand*. Paris: Seuil, 1978.

LA MOTTE FOUQUÉ, Caroline de. *Werke und Schriften*. Ed.: Thomas Neumann. Ditzingen: Nordestedt, 2006-ff.

LANCASTER, Henry Carrington. *French Tragedy in the Time of Louis XV and Voltaire, 1715-1774, v. 1*. Nova Iorque: Octagon Books, 1977.

LEMOS, Fabiano. As conversões de Friedrich Schlegel: filosofia política como mística do tempo. *O que nos faz pensar*, Rio de Janeiro, v. 26, n. 41, 2017.

MEREAU, Sophie. *Das Blüthenalter der Empfindung*. Gotha: Justus Perthes, 1794.

MEYER, Franziska. *Avantgarde im Hinterland: Caroline Schlegel-Schelling in der DDR-Literatur*. Nova Iorque: Peter Lang, 1999.

NOVALIS. *Schriften. Die Werke Friedrich von Hardenbergs* – 6 volumes. Ed.: Paul Kluckhohn e Richard Samuel. Darmstadt: Wissenschaftliche Buchgesellschaft, 1965.

OROSZ, Magdolna. 'Wenn mehre sich gegenseitig ergänzende Naturen gemeinschaftliche Werke bildeten'. Romantische Vernetzungen: Das Athenäum-Projekt. In: KULCSÁR-SZABÓ, Ernő; MANHERZ, Karl; OROSZ, Magdolna (orgs.). *'Das rechte Maß getroffen". Festschrift für László Tarnói zum 70. Geburtstag'*. Berlim; Budapeste: Humboldt Universität/ELTE, 2004. p. 52-65.

PICHLER, Caroline. Prosaische Aufsätze. In: ____. *Sämmtliche Werke*, v. 18. Viena; Leipzig: Anton Pichler; August Liebeskind, 1822.

PICHLER, Caroline. *Sämmtliche Werke* – 52 volumes. Viena; Leipzig: Anton Pichler; August Liebeskind, 1828-1845.

PÖLITZ, Karl Heinrich Ludwig. *Das Gesamtgebiet der teutschen Sprache nach Prosa, Dichtkunst theoretisch und practisch und Beredsamkeit dargestellt. Dritter Band: Sprache der Dichtkunst*. Leipzig: J. C. Hinrichsche Buchhandlung, 1825.

PRADER, Florian. *Schiller und Sophokles*. Zurique: Atlantis, 1954.

PREUS, Anthony. On *Dreams 2*, 459b24-460a33, and Aristotle's ὄψις. *Phronesis*, Leiden, v. 13, n. 2, p. 175-182, 1968.

REX, Walter E. *The Attraction of the Contrary: Essays on the Literature of the French Enlightenment*. Cambridge: Cambridge University Press, 1987.

ROBERTS, Frank Corey. The Perennial Search for Paradise: Garden Design and Political Critique in Dorothea Schlegel's *Florentin*. *The German Quarterly*, Hoboken (Nova Jersey), v. 75, n. 3, p. 247-264, 2002.

ROBERTSON, Ritchie. *Mock-Epic Poetry: From Pope to Heine*. Oxford: Oxford University Press, 2009.

ROCKE, Michael. Florence [verbete]. In: HAGGERTY, George (ed.). *Gay Histories and Cultures: An Encyclopedia*. Nova Iorque: Routledge, 2012. p. 510-513.

SAUNDERS, Barbara. Grammar(s) of Perception. In: BABICH, Babette E. (ed.). *Hermeneutic Philosophy of Science, Van Gogh's Eyes, and God*. Dordrecht: Springer, 2002. p. 305-313.

SCHILLER, Friedrich. *Sämtliche Werke* – 5 volumes. 3. ed. Ed.: Gerhard Fricke e Herbert G.; colab.: Herbert Stubenrauch. Munique: Carl Hanser, 1962.

SCHLEGEL, Dorothea von. *Dorothea v. Schlegel geboren Mendelssohn und deren Söhne Johannes und Philipp Veit. Briefwechsel im Auftrag der Familie Veit*. Publicado por Dr. J. M. Raich. Mainz: Franz Krirchheimer, 1881.

SCHLEGEL, Dorothea von. *Florentin. Roman, Fragmente, Varianten*. Ed. e posfácio: Liliane Weissberg. Berlim: Ullstein, 1987.

SCHLEGEL, Friedrich. *Kritische Ausgabe seiner Werke* – 35 volumes. Ed.: Ernst Behler; colab.: Jean-Jacques Anstett e Hans Eichner. Paderborn; Munique; Viena: Ferdinand Schöningh, 1958-2018.

SCHLICHTMANN, Silke; MUELLER; Ilze Klavina. Did Women Really Read Differently? A Historical-Empirical Contribution to

Gender-Oriented Reading Research. *Women in German Yearbook: Feminist Studies in German Literature & Culture*, Lincoln (Nebraska), v. 20, n. 1, p. 198-214, 2004.

SCHMITT, Carl. *Politische Romantik*. Munique; Leipzig: Duncker & Humblot, 1925.

THOMASSET, Claude. De la nature féminine. In: DUBY, Georges; PERROT, Michelle. *Histoire des femmes en Occident – Vol. II, Le Moyen âge*. Dir.: Christiane Klapisch-Zuber. Paris: Plon, 1990. p. 65-99.

VARNHAGEN, Rahel. Aus ein Tagebuch. In: ____. *Rahel. Ein Buch des Andenkens für ihre Freunde*. Publicado por Karl August Varnhagen von Ense. Berlim: Duncker & Humblot, 1834. p. 1-84.

WEIGEL, Sigrid. Der schielende Blick. Thesen zur Geschichte weiblicher Schreibpraxis. In: STEPHAN, Inge; WEIGEL, Sigrid. *Die Verborgene Frau: sechs Beiträge zu einer feministischen Literaturwissenschaft*. Hamburgo: Argument, 1983. p. 83-137.

Sobre o organizador e tradutor

Fabiano Lemos é professor da graduação e da pós-graduação em filosofia da UERJ. Doutor em filosofia pela mesma instituição e pós-doutor pela UFRJ e PUC-Rio, sua área de pesquisa corresponde à relação entre filosofia política e estética, especialmente na interseção entre o pensamento romântico alemão e as estratégias de enfrentamento político contemporâneas, com ênfase nas questões de gênero e de construção poética da ação social. É autor de vários artigos em revistas especializadas, bem como dos livros *Soldados e centauros* (Mauad, 2015), *O ofício da origem* (Kotter, 2015), *Todo poder aos sodomitas!* (Via Verita, 2022) e *O contracânone romântico* (EdUerj, 2022).

1ª EDIÇÃO [2022]

Esta obra foi composta em Freight Text
e Neue Haas Grotesk e impressa em papel
Pólen Soft 80 g/m² para a Relicário Edições.